LEUCHTTURM1917
OFFICIAL GUIDE & BULLET JOURNAL FAN BOOK 2

ロイヒトトゥルム1917ではじめる
箇条書き手帳術
Vol.2

ロイヒトトゥルム1917で楽しむ
バレットジャーナル

今すぐ役に立つ実践アイデア189

監修 平和堂

実務教育出版

はじめに

　ドイツで生まれた「ロイヒトトゥルム1917」ですが、日本全国の多くの文具店や書店で取り扱いがはじまり、愛用している方の声もよく耳にするようになりました。

　ノートと言えば日本では、小学生の頃から使っている学習ノートのイメージが強かったのですが、最近ではライフスタイルアクセサリーとしてとらえる方も増えてきました。ある意味でその象徴ともいえるのが「ロイヒトトゥルム1917」です。このノートが、ドイツや日本だけではなく、世界中に普及している背景として、「バレットジャーナル」の存在を欠かすことはできません。

　バレットジャーナルとは、思考や行動を整理していくという自己整理術ですが、考案者であるライダー・キャロル氏が唯一のバレットジャーナル公式ノートとして選んだのが「ロイヒトトゥルム1917」でした。

　幼少期からADD（注意欠陥障害）で悩んできたライダー氏が、自分の考えや頭の中を整理するためにバレットジャーナルという手法を生み出しました。その手法が仕事や家庭、毎日やるべきことに追われて日常の問題点を振り返って改善できない人々を救うツールとして受け入れられています。

　バレットジャーナルは、ノートに自分のすべてを箇条書きで書き出すことを基本としていますが、すべてを書き出すがゆえに、そのノートは自分の分身のような存在となり、どこにでも持ち歩く、まるで相棒のような役割を担うようになります。

高級価格帯ノートでドット罫を採用したのは「ロイヒトトゥルム1917」がはじめて

　2018年に出版された『ロイヒトトゥルム1917ではじめる　箇条書き手帳術』では、「ロイヒトトゥルム1917」が公式ノートとして選ばれた理由と、誰でもすぐにバレットジャーナルをはじめることができる方法が、豊富な実例とともに紹介され、好評を博しました。

　今回の本では、すべての実例に「ビフォー／アフター」をつけて解説。バレットジャーナルを使って何がどう変わったのかが紹介されています。バレットジャーナルは、自分に合ったフォーマットを自由に追加できるのが大きな魅力。実際に使っている人の具体例を見ながら、自分に合ったフォーマットを探すのもよし、オリジナルのフォーマットをつくる参考にするのもよし。シンプルで飽きのこない、自分だけのデザインを見つけるヒントになることを目指しました。

　自分のすべてを記していくノートは、信頼できるものでなくてはなりません。「ロイヒトトゥルム1917」で使われている紙はロイヒトトゥルム社のオリジナルペーパーです。筆記具を選ばず、裏抜けも少ない紙は、ユーザーの満足に寄り添う高品質を目指し、随時、改良を続けています。
　その書き心地を実感していただきながら、ぜひ本書で、バレットジャーナルの新しい使い方、楽しみ方を見つけてください。

ロイヒトトゥルム1917日本総代理店
平和堂　堀口 敦史

CONTENTS

はじめに ……………………………………………………………… 002

CHAPTER 01 灯台のようなノートの世界

彩りと安心感を与えながら進む道を照らしてくれるノート …… 008

バウハウスのスピリッツを継承した
使うほどにしっくりくるデザイン ……………………………… 010

多くの選択肢を提示するという
ロイヒトトゥルム1917のコンセプト ………………………… 012

ライフパートナーとして
ロイヒトトゥルム1917が選ばれる理由 ……………………… 014

バレットジャーナルの考案者が認めた
世界で唯一の公式ノート ………………………………………… 016

ロイヒトトゥルム1917筆記具使用レポート ………………… 018

LEUCHTTURM 1917 商品ラインナップ ……………………… 022

| COLUMN | 今さら聞けない バレットジャーナル Q&A　その1 …………… 030 |

CHAPTER 02 バレットジャーナルを自分流に楽しむ方法

ロイヒトトゥルム1917で楽しむバレットジャーナル ………… 032

バレットジャーナルの流れ ………… 033

01 フォーマットを作る ………… 034

02 バレット & 記号を知る ………… 046

03 書き込み & 振り返り ………… 050

04 バレットジャーナルのデザインを選ぶ ………… 054

おすすめの多色ペン＋α ………… 060

おすすめのテープ & シール＋α ………… 064

COLUMN ｜ 今さら聞けない
バレットジャーナル Q&A　その2 ………… 066

CHAPTER 03

ロイヒトトゥルム1917
×バレットジャーナル
徹底ビジュアルガイド

CASE_ #01 効率的な自己管理システムに驚き
初心に帰るきっかけをくれた手帳術 ……… 068

CASE_ #02 転職先での仕事を円滑にするため
情報も、頭の中も整理整頓 ……… 080

CASE_ #03 自分の調子の良し悪しに合わせて
対応してくれる柔軟な書き込み手帳 ……… 090

CASE_ #04 自分で舵を取って
生活するための必需品 ……… 100

CASE_ #05 同じ失敗を繰り返さない!
余裕を生み出すタスク管理の決定版 ……… 112

CASE_ #06 手帳が続かない私の救世主に!
行動力をアップさせてくれたお守りノート ……… 126

CASE_ #07 タスク管理方法の工夫で
家事のモチベーションがアップ ……… 138

CASE_ #08 既存のデザインにとらわれず
自分が1番使いやすい形にカスタマイズ ……… 142

CASE_ #09 基本の使い方がわかりやすくて
自分なりの工夫が楽しめる理想の手帳 ……… 146

CASE_ #10 きれいで楽しいページをつくる
アイデア詰め込み手帳 ……… 150

CASE_ #11 手書きの楽しさが増す
フォントのデザインコレクション ……… 152

CASE_ #12 苦手なことを書いて習慣化
前向きに取り組めるきっかけノート ……… 154

CASE_ #13 ネガティブな毎日を
ポジティブな日々に変えてくれた手帳術 ……… 156

CASE_ #14 好きなものを整理して詰め込んだ
いつでも見返したくなる愛着ログノート ……… 158

CHAPTER

01

灯台のようなノートの世界

目指したのは、人生のパートナーとなる文房具。
毎日にそっと寄り添い、道しるべになってくれる、
灯台のようなノート。
ロイヒトトゥルム1917の世界へ、ようこそ。

彩りと安心感を与えながら
進む道を照らしてくれるノート

● ● ●

「ロイヒトトゥルム」とはドイツ語で「灯台」のこと。それを社名にしたロイヒトトゥルム社は、100年以上続く老舗ブランドとしてドイツの人々に親しまれてきました。そのロイヒトトゥルム社がつくる高品質なノート「ロイヒトトゥルム1917」は、今や世界の人々に愛されるノートへと進化を遂げました。

　海外では長くルーズリーフに書いて保存することが主流でした。そこに突如として現れたのが、「ロイヒトトゥルム1917」。しっかりと綴じられ、分厚くて、しかもハードカバー。ルーズリーフとは似ても似つかぬノートは、しかしまるで待ち焦がれられていたかのように、多くのユーザーの支持を集めていくことになったのです。どんな筆記具にも合わせやすい書き心地のよい紙、すべてのページにノンブルがふられ、巻頭には目次のページ。目次に項目とページ数を書き込めば、アナログなのに検索性がぐっと高まります。

　豊富なカラーバリエーションは、さまざまな人の個性や好みに応えるためです。

　学習用の薄いノートに馴染みが深い日本でも、手書きのよさが見直されつつあることで、保存ができるしっかりとしたノートの需要が高まっています。ハードカバーは保存に向いているだけではなく、バッグの中でのヨレも防いでくれます。

　ボリュームのあるページ数を最後まで気持ちよく使いきれば、本棚で保存もでき、大切な記録として残すことができます。

CHAPTER 01 | 灯台のようなノートの世界

009

バウハウスのスピリッツを継承した
使うほどにしっくりくるデザイン

● ● ●

「バウハウス」と「ロイヒトトゥルム1917」は、とても深い関係にあります。バウハウスは、1919年にドイツで設立された美術学校の名。設立当時には巨匠と呼ばれるような教授陣がそろい、最先端のデザインや建築が学べる学校として有名でした。

しかし世界大戦の混乱もあり、バウハウスはわずか14年で閉校。現在でもその名が聞かれるのは、バウハウスの影響を受け続けているデザインや建築が多く存在するためです。

バウハウスの理念の中には、量産品でも「ディテール」にこだわり、シンプルなデザインに仕上げることの重要性を説いた一文があります。

ロイヒトトゥルムの理念の中にも「details make all the difference（細部こそが大きな違いを生む）」という言葉があります。細部まで行き届いたユーザー目線のデザイン。まさにバウハウスの理念を具現化したノートが「ロイヒトトゥルム1917」と言えるのかもしれません。

バウハウスの建築はシンプルな機能美が特徴。
出典 stiftung Bauhaus Dessau

CHAPTER 01 | 灯台のようなノートの世界

2019年にバウハウス誕生100周年を記念し、バウハウス財団とともに限定ロイヒトトゥルム1917が制作された。

バウハウスに影響を受けたクリエイターが、古今多くの作品を生み出している。左上：ティーポット（Marianne Brandt）左下：ワシリーチェア（Marcel Breuer）右上：アート作品（Moholy-Nagy）右下：コーンハウス（Carl Fieger）

出典 stiftung Bauhaus Dessau

011

多くの選択肢を提示するという
ロイヒトゥルム1917のコンセプト

ロイヒトゥルム社は、もともとコインコレクター用の製品を作るメーカーとして1917年に誕生しました。今でもコイン用のファイルやバインダーといったコレクター向けの製品を提供しています。

社内にバインダーを作る設備を持ちながら、システム手帳ではなく、あえて綴じノートである「ロイヒトゥルム1917」を作ったのはなぜなのか。「ノートは人生のパートナーになり得る」という考えから、生みの親であるフィリップ・デュプラー氏が綴じノートにこだわったことがその理由です。

だからこそ、消耗品ではなく、使う人のライフスタイルに合ったノート作りを目指しました。その結果、約17種類のカラーバリエーションと、4種類の罫線レイアウト、サイズも6種類用意されました。

今ではすっかりメジャーになったドット罫を、高級価格帯のノートブランドで採用したのは、「ロイヒトゥルム1917」が世界ではじめてです。

文章を書くにも、イラストや図版を描くにも使いやすいドット罫。

CHAPTER 01 | 灯台のようなノートの世界

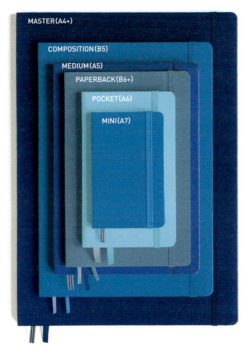

A4サイズともなるとかなりの存在感がある。最近では小さなサイズのニーズも高まっている。

定番のカラーは17色あり、毎年そのうちの2色が廃番となって新しいカラーが加わる。限定色などもある。

013

ライフパートナーとして
ロイヒトトゥルム1917が選ばれる理由

ロイヒトトゥルム1917の最大の特徴は、保存性の高さにあります。角丸のハードカバーは耐久性と同時に安全性も確保。また、ハードカバーと中紙の間にほとんど幅がないのは、手持ちで筆記する際に、指の付け根にカバーの角が当たって痛くないようにするため。同時に、紙を押さえた状態で安定して筆記できるようにするためです。保存だけを考えれば、この幅は広い方がいいのですが、そこはノートとしての実用性を優先しているわけです。

開きの良さは、机の上だけでなく、手にもって書く時の書きやすさに配慮した結果です。また、携帯時に欠かせないゴムバンドですが、実はゴムはかなり劣化しやすい素材。伸びにくい丈夫なゴムを使うことで、ノートを書き終える前にゴムが伸びてしまうことを防いでいます。

もうひとつの特徴は検索性の高さ。ノート1冊といった限定した範囲なら、インデックスとノンブルを利用した紙のノートの方が、デジタルよりも素早く目的のページにアクセスできます。さらに、しおり紐が2本付いているので、直近に書き込んだページの検索もスムーズです。

メモや後で貼り付けたい切符などを収納するポケットや、インデックスの補助になるシール類も、このノートにはデフォルトですが、今やノートの基本アイテムになりつつあると言っていいでしょう。

| CHAPTER 01 | 灯台のようなノートの世界

❶ページ数：すべてのページに数字が振られており、目次と連動し検索性を高められるようになっている。　❷しおり：スタンダードタイプには布製のしおりが2種類。1本は無地で1本はストライプで見分けやすい。　❸ハードカバー：多くの色から選べるハードカバー。長期の使用に耐える。　❹ゴム：カバーが開かないように抑えるゴム製。長期間使っても伸びづらい。　❺ラベル：表紙や背に貼ってラベリングするためのシール。　❻ポケット：最後のページはポケットになっていて、薄い定規やレシート、メモ、シールなどを保管できる。

015

バレットジャーナルの考案者が認めた
世界で唯一の公式ノート

バレットジャーナルの考案者、ライダー・キャロル氏が考えていた
ノートの使い方に「ロイヒトトゥルム1917」が最も適していたのは必然
だったかもしれません。ライダー氏は、「自分の分身となるノート」を
思い描いていて、ロイヒトトゥルム社は「人生のパートナーとなるノー
ト」を作ろうとしていたのですから。

さらに、もうひとつ、ユーザーに自由に使ってほしいという観点で用
意されたロイヒトトゥルムの機能と、ライダー氏が求めていた、ユー
ザーの自由裁量に任せるメソッドとフレキシビリティが、共鳴し合っ
たのではないでしょうか。

バレットジャーナル公式バージョンの「ロイヒトトゥルム1917」は、
ライダー氏の協力で大きく進化しました。カバーにバレットジャーナ
ルのロゴがエンボスで刻印され、しおり紐が色違いで3本になり、表紙
の見返しにはKey、巻頭にはインデックスとフューチャーログ、巻末に
はルールの解説が収録された、まさに、バレットジャーナルのための
ノートです。

バレットジャーナル公式ロイヒトトゥルム1917は、考案者とメーカー
が理想的な協力関係をつくることができたからこそ、誕生したノート
だと言えるでしょう。

CHAPTER 01 | 灯台のようなノートの世界

017

ロイヒトトゥルム1917
筆記具使用レポート

裏抜けの少ないオリジナルペーパーを使用しているロイヒトトゥルム1917に、人気の筆記具で試し書き。優れた紙質の懐の深さを感じてみよう。

実際のノートに試し書きした裏面の様子。裏抜けはほとんど見られない

A ジェットストリーム
スタンダード 0.5mm
／三菱鉛筆／油性
ボールペン

B ブレン 0.5
／ゼブラ／エマル
ジョンボールペン

C ジュースアップ 0.3
ブラック
／パイロット／水性
顔料ゲルインキボー
ルペン

D ユニボールシグノ
RT1 0.38mm
ブラック
／三菱鉛筆／ゲルイ
ンクボールペン

CHAPTER 01 | 灯台のようなノートの世界

ボールペン・万年筆・ミリペン・シャープペン編

| E 万年筆『カクノ』透明ボディ /パイロット/染料インキカートリッジ万年筆 | F ピグマ 0.5黒 /サクラクレパス/水性顔料ミリペン | G フリクション スリーカラーズ スリム0.5 /パイロット/多色フリクションインキ | H プレスマン /プラチナ万年筆/シャープペン | I クルトガ アドバンス 0.5mm /三菱鉛筆/シャープペン |

019

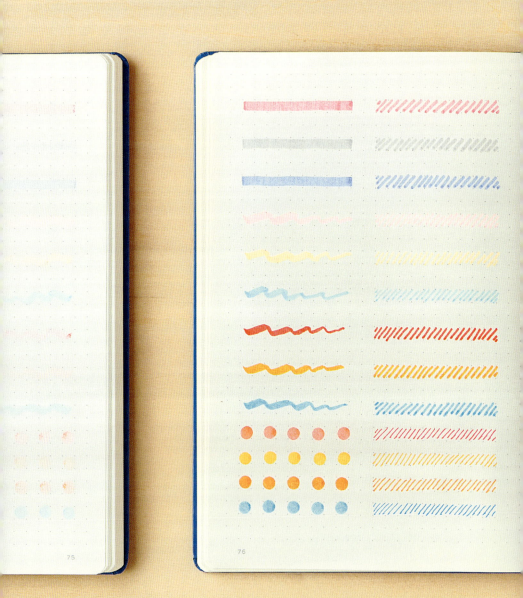

A マイルドライナー
／ゼブラ／水性顔料
カラーマーカーとしては珍しい灰色を含む25色の多彩なラインナップが人気。

B マイルドライナーブラッシュ
／ゼブラ／水性顔料
マイルドライナーの筆タイプ。ノートや手帳の装飾にぴったり。

CHAPTER 01 | 灯台のようなノートの世界

カラーペン編

C **デュアルブラッシュペンABT**
／トンボ鉛筆／水性染料
108色から選べる発色のよいグラフィックマーカー。色の掛け合わせができるのも◎。

D **プレイカラードット**
／トンボ鉛筆／水性
ドットライン、太線、超極細線が書き分けられるカラーマーカー。

021

LEUCHTTURM 1917
商品ラインナップ

「ロイヒトトゥルム1917」シリーズを紹介します。
使う人、一人ひとりのために用意された色やサイズ、仕様から
自分に合うものを探してみてください。

ハードカバー

世界で大人気のハードカバーノート。色のバリエーションと、
保存に耐えるしっかりした構造が多くのリピーターを獲得している。

クラシック

ノルディックブルー
サイズ：A5、A6、A4+
罫内容：ドット、横罫、方眼、無地

アジュール
サイズ：A5、A6、A7
罫内容：ドット、横罫、方眼、無地

パープル
サイズ：A5、A6
罫内容：ドット、横罫、方眼、無地

ロイヤルブルー
サイズ：A5、A6
罫内容：ドット、横罫、方眼、無地

アイスブルー
サイズ：A5、A6
罫内容：ドット、横罫、方眼、無地

ネイビー
サイズ：A5、A6、A7、A4+
罫内容：ドット、横罫、方眼、無地

エメラルド
サイズ：A5、A6、A7
罫内容：ドット、横罫、方眼、無地

ベリー
サイズ：A5、A6、A7
罫内容：ドット、横罫、方眼、無地

アーミー
サイズ：A5、A6、A7、A4+
罫内容：ドット、横罫、方眼、無地

フレッシュグリーン
サイズ：A5、A6
罫内容：ドット、横罫、方眼、無地

レッド
サイズ：A5、A6、A7、A4+
罫内容：ドット、横罫、方眼、無地

レモン
サイズ：A5、A6、A7
罫内容：ドット、横罫、方眼、無地

オレンジ
サイズ：A5、A6、A7
罫内容：ドット、横罫、方眼、無地

アントラサイト
サイズ：A5、A6、A4+
罫内容：ドット、横罫、方眼、無地

ブラック
サイズ：A5、A6、A7、A4+
罫内容：ドット、横罫、方眼、無地

罫内容

ドット
世界の先駆けとなったドット罫。縦にも横にも線が引きやすく、図版をかきやすい。

横罫
定番の横罫。文章をしっかり書き込みたい人から人気を集めている。

方眼
ビジネスで多く使われる罫。マス目は図、グラフ、チェックマスと利用法は多彩。

無地
クリエイティブにイラストやコラージュ、写真を貼ったりと自由度の高いタイプ。

新色

ポートレッド
サイズ：A5、A6、A4+
罫内容：ドット、横罫、方眼、無地

パシフィックグリーン
サイズ：A5、A6、A4+
罫内容：ドット、横罫、方眼、無地

レッドドット

人気のドット罫が目に鮮やかな赤いドット罫となって登場。
外装も3種類から選べる。

ノルディックブルー
サイズ：A5
罫内容：ドット

アーミー
サイズ：A5
罫内容：ドット

アントラサイト
サイズ：A5
罫内容：ドット

ドットの色が変わると、ノートのイメージがまったく変わるのは不思議。

バウハウスエディション

「Everything starts from a dot」というバウハウス教授ワシリー・カディンスキー氏の言葉をテーマに、ドット罫を採用してデザインされた。

ブラック
サイズ：A5
罫内容：ドット

イエロー
サイズ：A5
罫内容：ドット

ロイヤルブルー
サイズ：A5
罫内容：ドット

レッド
サイズ：A5
罫内容：ドット

| CHAPTER 01 | 灯台のようなノートの世界

バレットジャーナル公式ノート

バレットジャーナルの考案者、ライダー・キャロル氏によって作られたノート。

ノルディックブルー
サイズ：A5
罫内容：ドット

エメラルド
サイズ：A5
罫内容：ドット

ブラック
サイズ：A5
罫内容：ドット

❶ カバーに エンボス加工
カバーにはエンボス加工されたバレットジャーナルのロゴが入っている。

❷ 3本の ブックマーク
しおりは3本もついている。使い方のアイデアは無限大。

Keyページ
ノートの表紙の裏にKeyページがある。ルールの基本と自分で作るアイコンを書き込めるようになっている。

インデックス
目次として使うページが用意されている。フューチャーログの書かれたページがあらかじめ入っている。

フューチャーログ
インデックスにあるように、フューチャーログのページが用意されている。上にフューチャーログと書いてある。

ソフトカバー

薄くて柔らかいのに、ほどよく強いカバーがついた使いやすいノート。カラーも豊富。

ネイビー
サイズ：A6、B5、B6+
罫内容：ドット、横罫、方眼、無地

ノルディックブルー
サイズ：A6、B5、B6+
罫内容：ドット、横罫、方眼、無地

ベリー
サイズ：A6、B5、B6+
罫内容：ドット、横罫、方眼、無地

アーミー
サイズ：A6、B5、B6+
罫内容：ドット、横罫、方眼、無地

アイスブルー
サイズ：A6、B5、B6+
罫内容：ドット、横罫、方眼、無地

レッド
サイズ：A6、B5、B6+
罫内容：ドット、横罫、方眼、無地

エメラルド
サイズ：A6、B5、B6+
罫内容：ドット、横罫、方眼、無地

オレンジ
サイズ：A6、B5、B6+
罫内容：ドット、横罫、方眼、無地

アントラサイト
サイズ：A6、B5、B6+
罫内容：ドット、横罫、方眼、無地

フレッシュグリーン
サイズ：A6、B5、B6+
罫内容：ドット、横罫、方眼、無地

イエロー
サイズ：A6、B5、B6+
罫内容：ドット、横罫、方眼、無地

ブラック
サイズ：A5、A6、B5、B6+
罫内容：ドット、横罫、方眼、無地

ポートレッド
サイズ：A6、B5、B6+
罫内容：ドット、横罫、方眼、無地

パシフィックグリーン
サイズ：A6、B5、B6+
罫内容：ドット、横罫、方眼、無地

本革

より高級感のある本革を採用したタイプ。一段階上の質の良さを実感できる。

ブラック
サイズ：A5、A6、A4+
罫内容：ドット、横罫、方眼

コニャック
サイズ：A5、A6、A4+
罫内容：ドット、横罫、方眼

5年日記

5年使えて、同じ日を比べながら書き入れることができる日記帳。毎日ひと言を書き入れることができる。

ブラック
サイズ：A5

エメラルド
サイズ：A5

ベリー
サイズ：A5

ノルディックブルー
サイズ：A5

ロイヒトゥルム1917のアクセサリー

鉛筆 ノートのカラーに合わせた鉛筆も人気のアクセサリー。同じ色のノート、ペンループと一緒に使えば、統一感を楽しむことができる。

1 ロイヤルブルー　2 サンド
3 アジュール　4 ノルディックブルー
5 レモン　6 フレッシュグリーン
7 パープル　8 アーミー　9 オレンジ

10 ブラック　11 ベリー
12 アントラサイト　13 エメラルド
14 ネイビー　15 レッド　16 ニューピンク
17 アイスブルー　18 ポートレッド　19 パシフィックグリーン

028

CHAPTER 01 | 灯台のようなノートの世界

ペンループ

ノートの最後についているポケットに貼り付けて使うペンホルダー。
17種類のノートカラーと同じだけ種類があり、合わせて使うことができる。
ただ、あえて、違う色と組み合わせて使うバイカラーもおすすめ。

1 ロイヤルブルー　2 アジュール　3 レモン　4 ノルディックブルー　5 レッド　6 パープル
7 アーミー　8 ネイビー　9 ブラック　10 ベリー　11 アントラサイト　12 エメラルド
13 オレンジ　14 フレッシュグリーン　15 アイスブルー　16 ポートレッド　17 パシフィックグリーン

COLUMN
バレットジャーナル Q&A その1

Q 名前の由来を教えてください。

A 「バレット」（bullet）とは英語で「弾丸」の意味で、箇条書きの頭に描く記号が弾丸に見えることから「箇条書き」も意味します。バレットジャーナルはタスクやメモを箇条書きし、箇条書き記号を工夫していることからこの名称となっています。

Q ライダー・キャロルさんがバレットジャーナルを考えついたきっかけは？

A ライダーさんは子どもの頃、「ADD（Attention Deficit Disorder）：注意欠陥障害」と診断され、日々の生活で物事に集中するのに苦労していました。そこであらゆる事柄を素早くメモするバレットジャーナルを考案しました。最初からこの方法だったわけではなく、工夫を重ねて今の形になっており、なおも進化し続けています。

Q バレットジャーナルのルールは決まっているのですか？

A 標準ルールは公式サイトや公式書籍で説明されていますが、後も改良・刷新される場合があります。バレットなどの記号も変化しており、本書P48で紹介している旧版記号を今でも好んで使っている方もいます。本書P47の「∧」や「／」は、バレットジャーナル公式ノートや公式書籍で紹介されている拡張案です。また標準ルールを理解した上で、自分の使いやすいように改良して運用することをライダー・キャロルさん自身も推奨しており、公式サイトのブログなどでも情報交換が行われています。

Q バレットジャーナルに必要な道具は何ですか？

A 最低限必要なのは、好きなノートとペンです。公式ノートは、ロイヒトトゥルム1917のMEDIUM（A5）を採用していますが、持ち運びやすく小さすぎず、読み返せるようしっかりした作りのノートが望ましいでしょう。

Q バレットジャーナルのフォーマットは全部手書きでなくてはいけないのでしょうか？

A 手書きでなくても問題ありません。日付部分などを日付シールやスタンプで表現すれば、手軽に見やすさと見映えを実現できます。ステッカー形式のマンスリー、トラッカー、リストフォーマットを利用したり、システム手帳のリフィルを利用する方法もあります。

CHAPTER

02

バレットジャーナルを
自分流に楽しむ方法

素敵なノートを手にしたら、あとは楽しんで使うだけ。
ここからは、今、世界中で大ブームになっている
バレットジャーナルの使い方を紹介します。
SNS上では、きらびやかな使い方が並んでいますが、
必ずしもそんな使い方をする必要はありません。
基本を理解し、自分に合った使い方、
そしてデザインを選ぶことが、肝心なのです。

ロイヒトトゥルム1917で楽しむ
バレットジャーナル

　アメリカのデジタル・プロダクト・デザイナーであるライダー・キャロル氏が、自分の可能性を広げるために考案した自己整理術であるバレットジャーナル。かんたんなルールに従って書いていくだけで、やり忘れを防ぎ、散らかった思考を整理し、現在・過去・未来をひと筋につなげて人生を俯瞰することができるようになります。

　ネットやSNSなどでバレットジャーナルを検索すると、凝ったデザインのものが多く見つかりますが、同じようにする必要はまったくありません。バレットジャーナルの魅力は、基本のフォーマットを自分流にカスタマイズして使う自由さにあります。ライフスタイルに合わせて、使い方を工夫できれば、自分でも驚くような変化を実感できるはずです。

● バレットジャーナルで起こる変化

BEFORE

- 日々やることに追われ、好きなことに時間が割けない。
- 複数の事柄が交錯したときに管理するのが難しく、混乱してしまう。
- 毎日何をしているのか実感が湧かず、モヤモヤとしていた。
- 同じような失敗を繰り返していた。

→

AFTER

- タスクを効率的に進められるようになり、時間的・思考的余裕が生まれた。
- やり忘れがなくなって、進捗管理ができるようになった。
- 書くことがくせになって、記載から生きている実感を得られるようになった。
- 反省を生かして情報をまとめ、対策を練られるようになった。

● バレットジャーナルの流れ

01 フォーマットを作る

インデックス、フューチャーログ、マンスリーログ、デイリーログという日々を書き入れるためのフォーマットを作ります。実用を第一とすればさほど手間もかかりません。

02 バレット&記号を知る

バレットジャーナル用の記号と使い方があり、それがすべての基本となります。使い方は・を打って項目を書き、終わったら×を上から書くなど、シンプルなものばかり。

03 書き込み&振り返り

作ったフォーマットに、必要なタスク、未来のスケジュール、気がついたことなど、すべてを書き入れます。そして、当日やひと月の終わりに書いたことを振り返り、次の日、次の月に記号を書き足しながら情報を書き移すことで、必要な情報を選別しながら、その場しのぎではない、未来につながる事柄を正確に把握することができます。

04 デザインを工夫する

バレットジャーナルは、本来シンプルで、簡単にスタートでき、何より続けやすいものです。慣れてきたら、ほんの少しデザインを工夫するだけで、もっと使いやすくなったり、より続けやすい仕掛けを施すことができます。自分の生活サイクルに合ったデザインを見つけて、バレットジャーナルを楽しんでください。

01 フォーマットを作る

　バレットジャーナルを運用するためにはフォーマットが必要です。まずは、それぞれのフォーマットの役割を整理しましょう。

　現在の記録を正確に残し、未来を設定し、過去を忘れない。

　これを毎日、毎年、続けていくことは、結果的に自分自身を作り続けることと同じです。時間が経ち、ライフスタイルが変われば使い方も変わっていきます。しっかりと基本を意識しながら、少しずつカスタマイズして、自分だけのバレットジャーナルを完成させてください。

● バレットジャーナルを構成するフォーマットと役割

1 インデックス　　▶▶▶ ページへアクセスしやすくするための目次。

2 フューチャーログ　　▶▶▶ 未来の予定を書くための12カ月分の欄。

3 マンスリーログ　　▶▶▶ 日付と曜日を書いた月間予定ページ。

4 デイリーログ　　▶▶▶ 起きたすべてを記入するコアページ。

5 ウィークリーログ　　▶▶▶ デイリーログの発展系のフォーマット。

6 コレクション　　▶▶▶ 気づいた管理すべきことをまとめるページ。

CHAPTER **02** | バレットジャーナルを自分流に楽しむ方法

1 INDEX ◀ インデックス

左にページ数、右に内容を記入する。通常のノートではこのフォーマットのページを用意して書き込む必要があるが、ロイヒトトゥルム1917では必要ない。

ページ数はフォーマットごとのざっくりとしたページ割り振りにするのがポイント。あとでアクセスしやすくなる。

使いはじめのときは、当月のみを書く。使い続けて、次の月ができたり、新しいフォーマットを作ったときに付け加えていく。

INHALT / CONTENT / CONTENU

SEITE / PAGE	THEMA / TOPIC / SUJET
1	Key
2 - 5	2019 Future Log
6 - 7	January Monthly Log
8 -	Daily Log

Bujo's Point

あまり装飾はせず、見やすさを保って書き込むのが大切

what page?

使うページをすぐに見つける目次

インデックスは目次を表すフォーマットです。ロイヒトトゥルム1917では最初から用意されているので必要ありませんが、インデックスのないノートの場合は最初のページに記入します。コツは細かく書きすぎないこと。

035

2 FUTURE LOG ◀ フューチャーログ

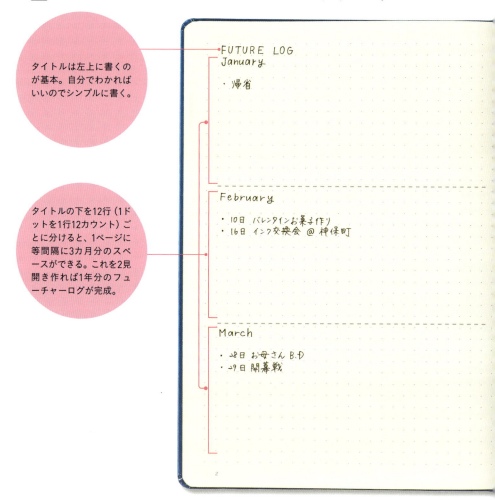

タイトルは左上に書くのが基本。自分でわかればいいのでシンプルに書く。

タイトルの下を12行（1ドットを1行12カウント）ごとに分けると、1ページに等間隔に3カ月分のスペースができる。これを2見開き作れば1年分のフューチャーログが完成。

Bujo's Point

唯一当月より先の未来の予定を書き込むフォーマット。予定の量によって、分割の割合を1/2や1/4に変えるのもおすすめ

CHAPTER 02 | バレットジャーナルを自分流に楽しむ方法

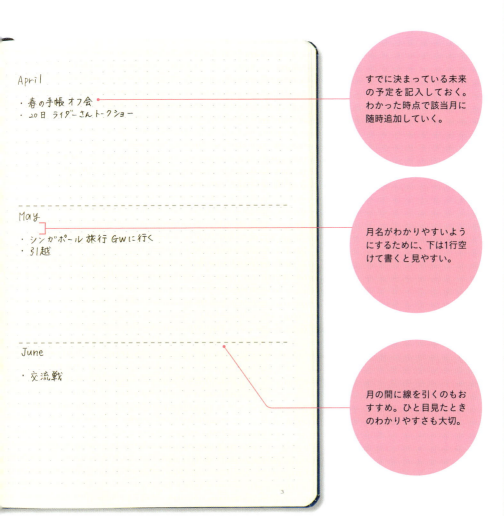

すでに決まっている未来の予定を記入しておく。わかった時点で該当月に随時追加していく。

月名がわかりやすいようにするために、下は1行空けて書くと見やすい。

月の間に線を引くのもおすすめ。ひと目見たときのわかりやすさも大切。

予定を書き込む12カ月分のページ

見開きで6カ月、2見開き分で作る年間予定表。当月より未来の予定については、このフォーマットに記入します。予定だけでなく、願望を記入してもOK。先に大まかな内容を記入し、あとで日付を書き込みます。

3 MONTHLY LOG ◀ マンスリーログ

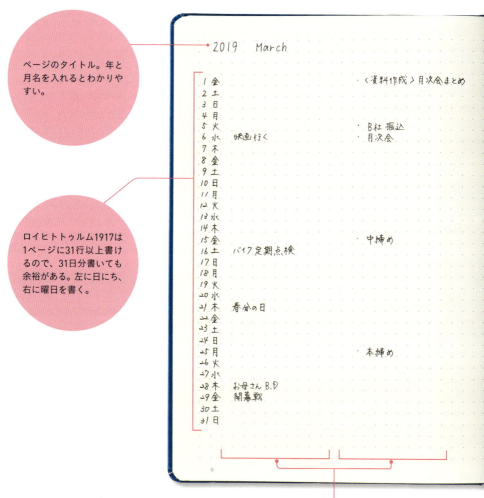

ページのタイトル。年と月名を入れるとわかりやすい。

ロイヒトトゥルム1917は1ページに31行以上書けるので、31日分書いても余裕がある。左に日にち、右に曜日を書く。

Bujo's Point

日にちを手書きするのは少し面倒に感じるが、毎月のはじめの儀式のようにすれば、次の月を見つめ直す大切な時間になる

プライベートと仕事を左右で書き分けると、予定が分類されてより見やすくなる。

CHAPTER 02 | バレットジャーナルを自分流に楽しむ方法

✗ お母さん B.D プレゼント 買う
✗ バイク定期点検 予約する
・ B社 振込日 決め
✗ 29日(金) 開幕戦 チケット予約する
・ 引越 物件さがし start
・ R社 PJT 立ち上げ メンバー
・ GW旅行 パンフ集め

右ページには当月に発生するタスクを書く。使用しながら途中で出てきたものも追加で記入することで、やり忘れが防げる。

毎月のはじめに書く自作マンスリー

月がはじまるときに、1見開きに1カ月分を作るのが基本。ロイヒトトゥルム はタテに31日分以上、行が取れるので、1カ月分の日にちを書き込んでも余裕。右ページにはタスクを書き入れます。

4 DAILY LOG ◀ デイリーログ

日にちと曜日だけでも
問題ない。次の日に移
る時は数行空けると見
やすい。

タスクやメモをすべて
書き出す。書きたいこ
とを自由に足していけ
るノートの特性を生か
して使う。

ノートはぜいたくに使
う。数行空いていても、
次のページに移って使
ったほうが、見やすく
て運用しやすい。

2019.03.04（月）
❌ ごみ捨て
❌ B社振込 → 経理にレンラク
❌ 3/6 の映画 何見るか
❌ 14:00 週次MTG
❌ 月次会資料 ハヤマさん check 依頼
❌ バイク点検予約
❌ 15日支払いか モレcheck
❌ 洗濯

2019.03.05（火）
❌ バイク点検予約（3/16(土)）
❌ 映画決める →「たまごはん。」
❌ 月次会資料 ナオシ
❌ B社 TEL
❌ サカイさん 修理手配
- 引越どうする？ エリア、通勤 etc…
- お寿司食べたい

2019.03.06（水）
・ 10:00 月次会
○ 20:00 映画「たまごはん。」
- あおいちゃんと行くことになった！
❌ サカイさん修理品 11日戻り予定、本人へ tel
❌ ハヤマさん面談
- ネコのたまがひたすらごはんを食べる映画かと思ってたら
  他のネコとじゃれたり寝ころんでたり自由な様子がたくさん
  詰まった映画だった。癒された～ ネコかわいいなぁ。

14

BuJo's Point

記号などは間違えてもいいので、
とにかく思いついたことをすべて
書くのがポイント

CHAPTER 02 | バレットジャーナルを自分流に楽しむ方法

2019.03.07 (木)
× ごみ捨て
× 洗濯
× Blog up
- GW旅行は国内 or 海外？
× GW休暇申請する
× 部長とランチMTG：R社のPJTについて
× メンバー5名ほど集める

2019.03.08 (金)
× 洗濯
× R社PJTメンバー集め (来週中に)
× 半身浴する
× 週次MTG資料作成
○ 15:00 イノエ様来社

2019.03.09 (土)
× ビン・缶、ペットボトル回収
× 旅行パンフもらう
× お母さんB.Dプレゼント探し

15

> 書くのを忘れた日があっても、気にせず使い続けていく。日付のある手帳の場合、空白になることがあるがノートなので関係なし。

バレットジャーナルで最重要のページ

すべての出来事を記入することで、自分自身の生活を見つめ直すことができます。他愛ないことでもとにかく書くことで、予定管理を超えて、自分自身の趣味趣向やくせなど、新しい発見が得られます。

041

5 WEEKLY LOG ◀ ウィークリーログ

デイリーログを使うのが基本ですが、週単位で行動する人、書き込む量が一定の人はウィークリーログもおすすめ。1見開きに1週間を使いやすいフォーマットで書いて使用。ここでは代表的な3つを紹介します。

[**レフト タイプ**] 左ページに1週間分の枠を書いて、右ページをタスクにして運用しやすくしたフォーマット

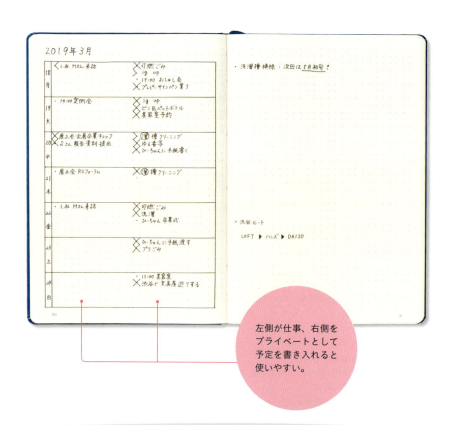

左側が仕事、右側をプライベートとして予定を書き入れると使いやすい。

CHAPTER 02 バレットジャーナルを自分流に楽しむ方法

[見開きバーチカル タイプ] 1ページを縦に3つに分割し、一番右だけ上下に割ったウィークリーフォーマット

書く内容によって上下に分けてタスクを書いているが、左側に時間を降って、24時間を管理できるようにしてもOK。

[土日重視 タイプ] 上のバーチカルの土日を大きめにとって、ウィークリーブロックに近いフォーマットになったもの

右の空いたところにタスクが書ける。右下などにマンスリーカレンダーを小さく入れておくと、使い勝手がアップする。

043

6 COLLECTION ◀ コレクション

　バレットジャーナルで起きる大きな変化は、すべてを書き出すことによって自分自身を見つめることができ、自分がチャレンジしたいことや、管理したいことが明確になることです。

　コレクションは、習慣化したり、意識づけしたい情報をまとめるためのフォーマットです。必要なコレクションを、実行していくことで、生活の中に好循環が生まれます。

● コレクションの種類

リスト
1項目を短く表現し、一覧にした箇条書きリストや、チェック表のこと。

たとえば……
- 読みたい本や読んだ本
- 観たい映画や観た映画
- 行きたい店や行った店
- 到着待ち荷物リスト など

フォーム
まとめたい情報がリスト形式に合わないものを、項目ごと、スペースを少し広くとってまとめた情報ページ。

たとえば……
- 読んだ本のまとめ・感想
- 演劇鑑賞のまとめ・感想
- 料理レシピ
- 服装組み合わせ など

ボード
まとめ方の定まっていない情報を、とりあえず集めたメモページ。フォーマットは決まっておらず自由。

たとえば……
- 行きたい旅行検討メモ
- 帰省時の必要なもの
- 10年後の自分をイメージして書き出す など

● コレクションページ追加への流れ

① 思いつく
デイリーログを眺めていて、読みたい本のメモが多いことに気がついたので、読みたい本リストを作ることにした。現在使用中のページの次のページを、コレクションのページにする。

② コレクションのページを作成する
ページのフォーマットは、単なる箇条書きでも問題はない。作成後、ページ番号をインデックスに記入する。

③ コレクションに随時情報を追加する
ページができたら、実行するごとに情報を追加する。作ったコレクションページの次のページには、日々のデイリーログや、次の月のマンスリーログなどを続ける。

④ コレクションのページをさらに追加する
しばらくして、❷で作ったコレクションページがいっぱいになり、新しいページが必要になったら、その時点での最新ページの次のページに、コレクションの追加ページをまた設置する。

CHAPTER 02 バレットジャーナルを自分流に楽しむ方法

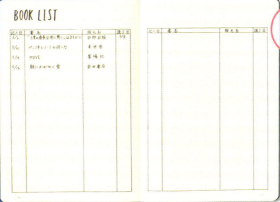

リスト例

読んだ本リスト

左から記入日、書名、出版社名、読了日の欄をもうけて、読みたい本、読んだ本を記入する、リストの代表ともいえるコレクション。リストアップして管理したいテーマであれば、同じように使うことができる。

フォーム例

映画の感想ページ

リストだと欄に入りきらない内容のものは、もっと自由なスペース取りをしてまとめるとよい。映画の名前だけでなく、公開日や観た映画館、感想などをまとめて書けば思い出しやすい。

ボード例

帰省時に必要なもの

月に1回、年に数回など、頻度は少なくても必ずあるイベントについて、ボードという形でまとめておくと、同じことがあった場合の参考になる。見本は帰省時の持ち物チェック。お土産などが履歴に残れば、次回同じものを買わなくて済む。

02 バレット＆記号を知る

　フォーマットが準備できたら、次は書き込むための記号とルールを理解しましょう。基本となるのは、バレットジャーナルの"バレット"※です。この基本記号を使って、日常のすべてを素早く記入していくことを、「ラピッドログ」と呼び、バレットジャーナルの根幹をなす考え方になっています。

　記号の意味を知り、はっきりと、早く、きれいに書くことで、効率的な書き込みが実現できます。記号は基本記号と、重要度や後日の対応を定める付加記号、時間の流れや行動の変化に伴って付け加えていく運用記号に分かれます。

※以前はバレットと記号を含め、KEYという呼び方をしていました。

● 基本記号

❶ ● タスクバレット　　タスクはこの記号を使って書き入れる。とにかく何でも書き出すことが重要となる。

❷ ○ イベントバレット　イベントのように日付が固定されている内容にはこれを使う。後ほど、フューチャーログやマンスリーログにも情報を移す。

❸ – メモバレット　　　覚えておきたいアイデアや、観察したこと、考えたこと、思いついたこと、何かの結果などを書く際に使う。

● 付加記号

❹ ！ ひらめき　　　　ひらめいたアイデアなど、着想を得たときにバレットの「・」、「○」、「-」の左側に書く。単独で使う場合もある。

❺ ＊ 優先事項　　　　優先する項目は、バレットの「・」、「○」、「-」の左側にこの印を書いて目立たせる。

CHAPTER 02 | バレットジャーナルを自分流に楽しむ方法

● 書き込み例

```
2019.03.16 (土)
・水道代支払い
* ○ 4/20 ライダーさんトークショー
・ソファをリサイクルに出す
! チーズと全卵でカルボナーラ
・スマホのプラン見直し
／ J社 タニコさん 打合せ内容 カクニン（オオヤマさん）
・あいはんと野球観戦に行く
* ∧ タカハシさんに台湾料理の美味しい店のURLを送る
```

```
2019.03.16 (土)
✕ 水道代支払い
* ○ 4/20 ライダーさんトークショー
―― ソファをリサイクルに出す
! チーズと全卵でカルボナーラ
・スマホのプラン見直し
✕ J社 タニコさん 打合せ内容 カクニン（オオヤマさん）
＜ あいはんと野球観戦に行く
* △ タカハシさんに台湾料理の美味しい店のURLを送る
```

● 運用記号

❻ ✕ — **完了**
タスクが完了したら・の上に✕を書き入れて完了したことを表す。

❼ ── — **必要ない**
この先見返す必要のない項目については横線を引いて消し込む。

❽ ＞ — **未完のタスクを移行**
その日、その月に終わらなかったタスクを翌日、翌月に移行する。

❾ ＜ — **日付が決まったタスクを移行**
日程が決まったタスクはフューチャーログやマンスリーログに移行する（書き移す）。

❿ ∧ ▶▶ △ — **誰かとした約束**
約束をした場合この記号を使う。約束が果たされたら底辺を書き込む。

⓫ ／ ▶▶ ✕ — **誰かにタスクを依頼**
他の人に依頼したら／を書き、完了したら逆の斜線を入れる。

047

その他の記号

ライフスタイルの中で、必要と思われるモチーフを使って管理したり、過去にバレットジャーナルで推奨されていた記号を使ったり、まったく新しい記号を自分でカスタマイズすることで、より自分の生活をリアルに記録することができます。

● 旧バレット

バレットジャーナルが発表された当初に使われていた記号。現在は前ページのものに更新されているがこのタイプを使い続けている人も多い。

タスク
四角で表現し、進行に応じて他のKeyを書き加えて使う。

移行済み
移行したら四角の上に矢印を書き入れる。

イベント
丸で表現し、進行に応じて他のKeyを書き加えて使う。

計画へ移行済み
フューチャーログへ移行したらこの矢印。

実行中
タスクやイベントに取りかかったら半分塗る。

メモ
メモはこのドットを書く。

完了
タスクやイベントが終わったらすべて塗る。

中止
タスクやイベントが途中でなくなったらバツをつける。

調査が必要
後ほど調べることはクエッションマーク。

重要
優先順位を高くすべきものはこれを足す。

CHAPTER 02 | バレットジャーナルを自分流に楽しむ方法

● **ユーザーオリジナルバレット一覧**

バレットジャーナルユーザーがよく使うKeyの一例。

始めたタスク1
ドットの上から斜めに斜線を入れる。終わったら逆斜線。

約束事
三角で約束した項目を表現する。

始めたタスク2
Vを作る。終わったら下に逆Vを入れる。

スケジュール
日程に関わるものは時計マークをつける。

キャンセルした項目
二重線を引いてKeyを消す。

システム手帳へ
後でシステム手帳に移す情報にはこのアイコンをつける。

支払い関係
ドルマークを囲って支払いを示す。

食事
フォークとナイフで食事関連情報を明確に。

記念日
プレゼントマークで特別な日を表現する。

コーヒー
マグのアイコンで飲んだものを明確に。

デッドライン・締め切り
リミットラインの頭文字Lを丸で囲んで表現する。

ひもづけ
関連項目同士をひもづける時に使う。

 で簡単にアイコン作り

よく行うことや、移行先の明確な情報は、頭文字や漢字に丸をしてアイコンにすると便利。

良かったこと
ハートマークでプラスのイメージを表現する。

049

03 書き込み＆振り返り

　準備が整ったら書き込みスタートです。デイリーログを中心に、起きたことを書いていきます。**書くのは"すべて"**です。

　予定に関わる情報や日々のタスクはもちろん、気がついたアイデア、頼んだこと、してもらったこと、楽しかったこと、詳しく調べたいことなど。そうすることで、何となく過ごしていた日々が書くことで明確になります。そのうえ忘れないことで機会損失をなくし、自分自身と日々向き合うことになるので、「自分はこの時、本当は何がしたかったのか」がわかるようになるのです。

　書くこと以外に、もうひとつ重要なのが、**振り返り**です。書いた情報を確認しながら、次の日にフューチャーログやマンスリーに移行させることで、必要な情報と、必要ではない情報に分けて認識し直すことができます。

● 移行の種類

①オンタイムの移行
デイリーログのタスクが完了したり、イベント情報の日付が決まったり、変わったりと、書き入れた情報の状態が変化した時に記号を加えたり、デイリーからマンスリー、フューチャーログに移行したりする。

②デイリーページの移行

1日が終わったら、夜、次の日のデイリーページへ移行。P47の記号を加えながら行う。
次の日より先の予定のものは、フューチャーログやマンスリーログに情報を書き入れる。

③マンスリーログの移行

翌月のマンスリーログ

フューチャーログ

月末にはマンスリーログの左側のカレンダー欄で先延ばしになった予定や、右側のタスク欄で未完のタスクを翌月のマンスリーログに移行する。
翌月以降の予定が書かれていた場合は、フューチャーログにも書き入れる。また、フューチャーログに書かれていた翌月の予定も移行する。

CHAPTER 02 | バレットジャーナルを自分流に楽しむ方法

❶ 日々のことを書く

● 時間の進行に合わせて起きたことを書き込む

デイリーページに予定、タスク、気づき、メモなど、気になったことすべてを書き込んでいく。内容は感情を入れず、事実を端的に書くのがポイント。

最初に書き込んだ状態から、それぞれの項目の進行に合わせて、バレットの上に記号を書き加えていく。状況変化がひと目でわかる。

● 1日の終わりに振り返りながら書き移す

1日が終わったところで、振り返りながらやり残しのタスクをチェックし、バレットに記号を加えていく。

翌日の日にちを書き、その下にやり残しのタスクを書き移す。

❷ 予定情報を書く

● 月内の現在より先の予定を書き込む

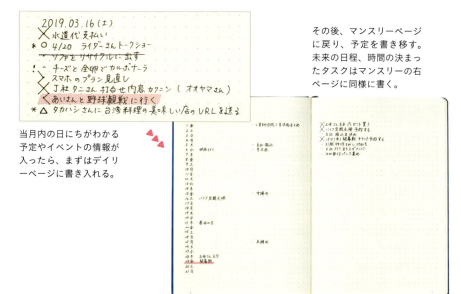

当月内の日にちがわかる予定やイベントの情報が入ったら、まずはデイリーページに書き入れる。

その後、マンスリーページに戻り、予定を書き移す。未来の日程、時間の決まったタスクはマンスリーの右ページに同様に書く。

● 来月以降の予定を書き込む

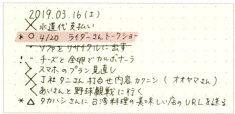

当月よりも先の予定やイベントの情報が入っても、まずはデイリーページに書き入れる。

その後、フューチャーログのページに先の予定を書き入れる。日程が決まっていない状態でも、先に項目を入れて、日時が決まり次第追って記載する。

052

| CHAPTER 02 | バレットジャーナルを自分流に楽しむ方法 |

❸ 新しいページをつくる

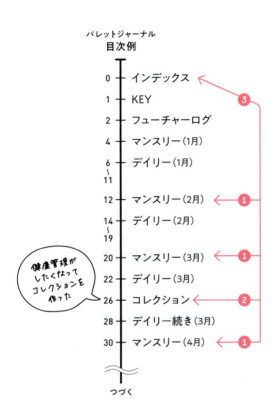

❶ 次の月のマンスリーページを書く

バレットジャーナルのデイリーページやウィークリーページを使って、月末になったら翌月のマンスリーページを書く。ライフスタイルや、管理したい要素が変わったら、フォーマットは最初の月と変えても構わない。

❷ 思いついたときにコレクションを書く

デイリーページを使って定期的に振り返っていると、何度も出てくる項目やキーワードがあることに気がつく。そういう項目は、個別に管理した方が発展性があり、効率的なのでコレクションにする。月末のマンスリーページを作るタイミングで思いつくこともあれば、左のようにデイリーの途中で思いつくこともあるが、その時を逃さずまとめよう。バレットジャーナルは手作りの手帳術のため、いつでもページを差し込むことができるのも利点のひとつ。

❸ インデックスに変化を書く

新しいページができたら、必ずインデックスページに項目とページ数を記入して、検索性を保つ。また、同じ種類のコレクションが複数ページに飛び飛びで制作される場合は、ひとつ前のコレクションの最後に、次のコレクションがあるページ数を書いておけば、スムーズに振り返りができる。

04 バレットジャーナルの デザインを選ぶ

　ここまで基本的な使い方を解説してきました。ここまでの内容でも、バレット ジャーナルは効果的に活用できます。ただ、使いはじめて多くの人が気づくのは、 "こうしたらもっと使いやすい" というカスタマイズアイデアです。

　バレットジャーナルは自分のすべてを書き出すことで、ノートを自分の分身にす る自己整理術です。自分の分身であれば、見栄えも使い勝手も自分の気持ちのい い形になっていてほしいもの。デザインを自分の趣向に合わせて変化させたり、 フォーマットの形を微調整して、よりたくさんの情報を管理したくなったりと、自 分なりの工夫やアイデアが出てくるのは、当然とも言えます。

　ただ、時間をかけすぎたり、たくさん書いたり、最初に力を入れすぎると飽きが 来て続けられなくなる人も多いようです。後日、続けられない自分と出会った際 に、残念な気持ちになってしまうので、気をつけましょう。

● デザインの 種類

現在、さまざまなユーザーが使っているバレットジャーナルのデザインを 基本系を含めて4種類に分類しました。自分に合ったデザインイメージ を利用して、箇条書き手帳術を楽しみましょう。

基本系

本書P32からP53で紹介した、考案者 ライダー・キャロル氏が推奨する基本 的な使用方法とデザインをベースにし たデザイン。初心者の方におすすめ。こ れでも十分使える。

実用アレンジ系

基本系のデザインに、見出しを大きく したり、デイリーログにアレンジを加 えたデザイン。手間をかけず、使いや すさにこだわる人におすすめ。

装飾系（多色ペン）

実用アレンジを、さらに美しくデザイ ンして、ノートを開くのが楽しくなる ようなデザイン。メインのペン以外に も多くのカラーペンを使う。かなりの テクニックが必要となる。

装飾系（シール・テープ）

市販のシールやテープなどを駆使して、 手軽に美しく見せるデザイン。時短で きれいなノートにする技でもある。お 気に入りのマスキングテープなども消 化できて一石二鳥。

CHAPTER 02 | バレットジャーナルを自分流に楽しむ方法

[おすすめデザイン診断チャート]

3つの質問にYES、NOで答えて、
自分にどんなデザインが合っているかの目安にしてみよう。

❶ 実用アレンジ系デザイン

ドットを参考にしながら、2行分を使って各見出しを大きく書いた。日付がはっきりと見えるだけで、区別がつきやすくなり、他の情報まで頭に入りやすくなる。

筆之助
/トンボ鉛筆

ペン先が筆のようになっているサインペン。本文と違う筆記具を使うだけでも、デザインが際立つ。

Bujo's Point

ライフスタイルに合わせて、実用性を邪魔しないカスタマイズを試してみよう

CHAPTER 02 | バレットジャーナルを自分流に楽しむ方法

2019.03.07 TUE

- ✓ ごみ捨て
- ✓ 洗濯
- ✓ Blog up
- — GW旅行は 国内 or 海外？
- ✓ GW休暇申請する
- ✓ 部長とランチMTG ： R社のPJTについて
- — メンバー 5名ほど集める

P34〜53の基本のデザイン、使い方通りでOK。
＊予定やタスク管理のツールとして捉える場合、書き込みにはストレスがない状態が好ましい。

2019.03.08 FRI

- ✓ 洗濯
- ✓ R社PJTメンバー集め (来週中に)
- ✓ 半身浴する
- ✓ 週次MTG資料作成
- 15:00 イノウエ様 来社

2019.03.09 SAT

- ・ ビン.缶.ペットボトル回収
- ・ 旅行パンフもらう
- ・ お母さん B.D プレゼント探し

空きスペースが微妙で小見出しを書くと埋まってしまいそうな場合は、スペースを空けたまま次のページに移る。

53

what Design?

使いやすく少し工夫を施したデザイン

バレットジャーナルのデザインは、使う人にとって書きやすく、それでいて実用性の高いタイプを選ぶことが大切です。これは、見出しを大きくデザインしたもの。手間がかからず、見やすさなどの実用性がアップしています。

057

❷ 装飾系デザイン（多色ペン編）

ドット罫を参考にしながら、カラーペンで文字を描く。

同じペンで書いた数字の下半分をなぞって色を重ねれば、文字にグラデーションができる。

最後にユニボールシグノ（三菱鉛筆）で白い線をつけてハイライトにして完成。

> **Bujo's Point**
>
> 文字と日にちを分ける線をカラーにするだけで、印象が華やかになる

CHAPTER **02** バレットジャーナルを自分流に楽しむ方法

日にちを分ける線を日にちと同じ色のカラーを使えばより見やすくなる。ハイライトも忘れずに。

2019.03.07 THU
ごみ捨て
洗濯
Blog up
GW旅行は国内 or. 海外？
GW休暇申請する
部長とランチMTG ： R社のPJTについて
メンバー5名ほど集める

2019.03.08 FRI
洗濯
R社PJTメンバー集め（来週中に）
半身浴する
週次MTG資料作成
15:00 イノウエ様来社

2019.03.09 SAT
ビン・缶.ペットボトル回収
旅行パンフもらう
お母さん B.Dプレゼント探し

**マイルドライナー
（全25色）**
／ゼブラ

目に優しいマイルドな色をそろえた蛍光マーカー。書いた文字の上に引いても、じゃまにならない。

**ユニボール シグノ 太字
（ホワイト）**
／三菱鉛筆

カラーペンで書いた線や文字の上に白線でラインつけると、いい感じのハイライトをつけることができる。

what Design?

カラーペンを利用した見て楽しめるデザイン

カラーペンを使うと、華やかさや楽しさでモチベーションをアップしてくれます。好きな色を曜日によって使い分けると、見分けやすくなるだけでなく、記憶にも残りやすくなります。

おすすめの多色ペン＋α

ノートを美しくする文房具といっても、実用性は大切。
裏写りしづらく、書きやすいアイテムを使って
楽しいノートタイムに！

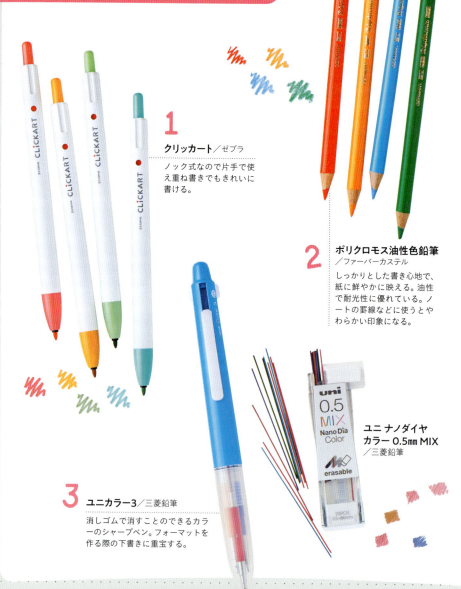

1
クリッカート／ゼブラ
ノック式なので片手で使え重ね書きでもきれいに書ける。

2
ポリクロモス油性色鉛筆／ファーバーカステル
しっかりとした書き心地で、紙に鮮やかに映える。油性で耐光性に優れている。ノートの罫線などに使うとやわらかい印象になる。

3
ユニカラー3／三菱鉛筆
消しゴムで消すことのできるカラーのシャープペン。フォーマットを作る際の下書きに重宝する。

ユニ ナノダイヤ カラー 0.5mm MIX／三菱鉛筆

CHAPTER 02 | バレットジャーナルを自分流に楽しむ方法

マルチ8／ぺんてる

4

1本のペンの中に8色の色鉛筆を内蔵した逸品。多くなりがちな筆箱の中を減らすことができる。

5

テンプレート
／ステッドラー

定規としても使えるが、簡単な図形などをノートの書きたいときに便利。ミスなく、きれいに書くことができる。

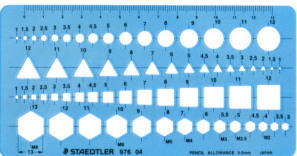

6

テクノタッチ回転印
／サンビー

デイリーページなどの日付をスタンプで押せば、他の表記と違いが出て手軽に面白い雰囲気を作り出せる。

061

❸ 装飾系デザイン（テープ・シール編）

マステ®水性ペンで
書けるマスキングテープ
／マークス

貼るだけなので手間いらず。マステの上に曜日を手書きすると華やかになる。

マスキングテープ
／ワールドクラフト

見開きの上と下に好物のデザインのテープを貼る。ページの保護にもなるし、気分も上向きにしてくれる。

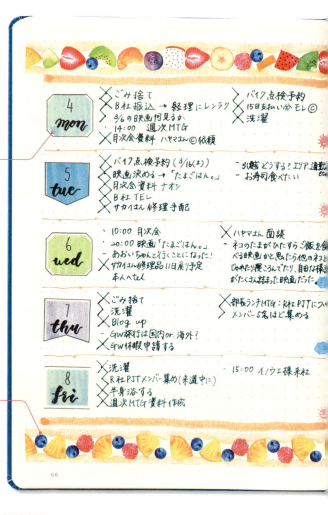

Bujo's Point

手書きに自信がない人でも簡単にきれいな紙面ができる

CHAPTER 02 | バレットジャーナルを自分流に楽しむ方法

フリクションスタンプ／パイロット

押して消せるスタンプ。天気や気持ちの変化を表現するのがおすすめ。

ひとことステッカー／クーリア

週の空きスペースは美しいステッカーなどで埋めるとデザインが華やぐ。ToDo管理も兼ねると実用的。

what Design？

シールやスタンプできれいと時短を両立する

シールやスタンプは、貼ったり押すだけで簡単にかわいさや楽しさをプラスできるツールです。手書きだと中々上手くできない人におすすめのデザイン方法です。

063

おすすめの テープ＆シール＋α

美しく飾りながら、ノート作りの手間も減らす技ありのアイデア文房具の数々を紹介します。

1 細幅 マスキングテープ5mm ／BGM

日付ごとの区切り線や、ページタイトルや月名のアンダーラインを引くのに便利な細かいマスキングテープ。

2 マステ® 水性ペンで書けるマスキングテープ・日付柄・イラスト ／マークス

かわいいフォントの日付がすでに印刷されているマスキングテープ。水性ペンでも上に書けるので、デザインのちょい足しもできる。

3 貼暦 5mm方眼対応 ／icco nico

あらかじめ日付や曜日がデザインされたマスキングテープ。日付の間隔のミリ数が選べるすぐれもの。

4 bande ／西川コミュニケーションズ

テープのように引き出しながら1枚ずつ使える。さまざまな柄があり、簡単にきれいなページができる。

CHAPTER 02 | バレットジャーナルを自分流に楽しむ方法

5 himekuri 文房具柄
／be-on

365日のすべてが違うデザインの卓上型の日めくり付せんカレンダー。ノートにシールとして貼れば、手書きする必要がない。さまざまな柄が楽しめる。

6 クリアスタンプ 365Frame・アクリルブロック
／SAKURALALA

台座が透明になっていて、シールのように押したい柄をつけて使う。透明なので、押し間違えが少なく、正確に押すことができる。

7 アートニックS／ツキネコ

スタンプもさまざまな色のインクを使うとまったく違う表情を見せる。スタンプの場合は、インクが向かいのページに移りやすいので注意が必要。

065

COLUMN

バレットジャーナルQ&A その2

Q 「フューチャーログ」「マンスリーログ」は、未来のページなのに「ログ」というのに違和感があります。

A バレットジャーナルは日々のタスクやメモを書き記すだけでなく、あとから見返して参考にすることも重要だと考えて作られています。使い終わった後に残すという意味で「ログ」の名前がついているようです。

Q バレットジャーナルと装飾の関係について教えてください。

A SNSでは凝った装飾のバレットジャーナル使用例が多くあるため、バレットジャーナルは手帳装飾術だと考える方もいますが、これは誤りです。標準ルールによるバレットジャーナルのフォーマットはごく簡素なもので、本書の基本説明（CHAPTER02、P32）に示したように装飾要素はほとんどありません。

Q タスクバレットが「・」、メモバレットが「ー」なのに違和感があります。

A 一般的なタスクリストではタスクを「□」（チェックボックス）で表現することが多いため、違和感を感じる方もいます。標準ルールでも以前は「□」を使用していましたが、より速く書くことを追究し「・」が採用されています。メモバレットの「ー」は、欧米では箇条書きでよく使う記号です。

Q タスクの実施予定を決めた場合の記号「<」が、時間軸の感覚と逆に感じて違和感があります。

A 標準ルールでは、フューチャーログやマンスリーログのページが、現在時点のデイリーログより前（左）にあるため、このような記号になっています。もしどうしてもなじめなければ、翌日への移行「>」のさらに先という意味で「>>」を使用してみるといいかもしれません。

CHAPTER

03

ロイヒトトゥルム1917
×バレットジャーナル
徹底ビジュアルガイド

バレットジャーナルユーザーの使用事例を、
複数の見開きを使って徹底解説。
バレットジャーナルに出合ったことで起きた
"奇跡の変化"が満載。
使ってみたくなるアイデアがきっとあるはず。

CASE_ #01

効率的な自己管理システムに驚き
初心に帰るきっかけをくれた手帳術

おりひかいくお（ITエンジニア・50代）
Twitter : @Orihika

　手帳は長年愛用しており、すでにある程度自分のスタイルは確立したと思っていたのですが、バレットジャーナルを取り入れたことで管理の精度が上がりました。最初はライフハックのサイトで知って興味を持ち、その後、人づてに聞いた内容や日本語ブログを参考にしたのですがよくわからず、最終的に独自にバレットジャーナル公式サイトの英語を翻訳。熟読してみると、すみずみまでよく考えられたシステムだと感じました。実際に使うと、武道・芸道を体得する際の基本的な考え方である「守破離」に通じるものがあるとさえ感じるようになりました。行動管理の初心となる「守」に立ち返ってやり直したことで、人生の精度が上がって、余裕が出たように感じています。飾るのは難しいですが、レイアウトや実用のためのデザインを工夫して、快適性を追求してみたいです。

BEFORE

仕事では本格的なプロジェクト管理ツールを使って立案・遂行するが、趣味活動については特にそういうツールは使用しておらず曖昧だった。

→

AFTER

趣味管理の精度が上がってより効率的に進められるようになり、時間的・思考的余裕が生まれた。

CHAPTER 03 ロイヒトトゥルム1917×バレットジャーナル
徹底ビジュアルガイド

CONTENTS MAP
コンテンツマップ

手帳をログではなく、タスク管理に絞って、
より効率的に、明確に使うための工夫をした。
基本の使い方に、ちょい足しするだけで十分活用できる。

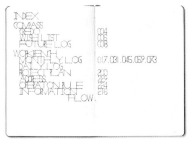

1 INDEX

既存のインデックスはあえて使わず、見開きで見やすく作った目次

2 OPERATION RULE（KEY）

単にKEYを書くのではなく、運用方法をイメージできる書き方をする

3 FUTURE LOG

事柄と自分との距離感をひと目でわかるように分類し、記載する

4 MONTHLY LOG

イベントの予定記録と、毎日習慣化してチェックしたいことを書く

5 DAILY LOG

プロジェクトごとに見やすく作ったToDo管理用デイリーログ

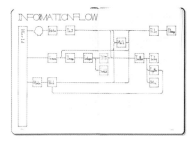

6 INFORMATION FLOW

情報の入り口と経由地、そして出口までの要素をイメージするためのメモ

069

インデックス
1 INDEX

インデックスをあえて見開きで自作
インデックスページを使わずに見開きをぜいたくに使えば、自己流かつ見やすくできる。

ドットを生かして書くフォントを決める
ドットの数を目安にフォントの形を決めて、そのルールで書けば、スタイリッシュな文字が簡単にできる。

--- AFTER BUJO ---

インデックスで行動が1つにまとまる気がして、充実感が増した

インデックスはより見えやすく

検索性というインデックス本来の目的を際立たせるために、数字を大きく、内容を読みやすく制作しました。また、見開きで見やすいため、新しいフォーマットをつくる際のモチベーションも上がります。

CHAPTER 03 ロイヒトトゥルム1917×バレットジャーナル 徹底ビジュアルガイド

オペレーションルール（キー）
2 OPERATION RULE(KEY)

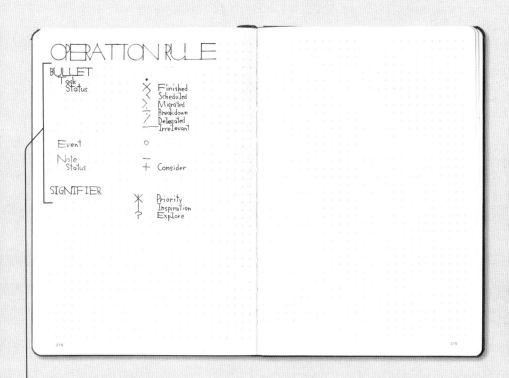

バレットKEYを運用ルールとして記載

運用の記号を目的ごとに分けて書き、ルールを明確にする。上から、タスク管理用、イベント記載用、メモ用、そして追加記号。

AFTER BUJO

バレットジャーナルをシンプルに、効率的に、自分らしく運用できた

自分専用のオペレーションルール

1冊を使うときに文字通りKEYになるルールをまとめています。基本に忠実に使うことを意識しつつも、より効率的に使えるように、自分が運用しやすいルールを少しだけ追加し、使用対効果を追求しています。

071

3 FUTURE LOG

フューチャーログ

インデックスと同じ書体を使用

全ページに共通するフォントを使うと、統一感が生まれて愛着が湧く。同時に認識しやすくもある。

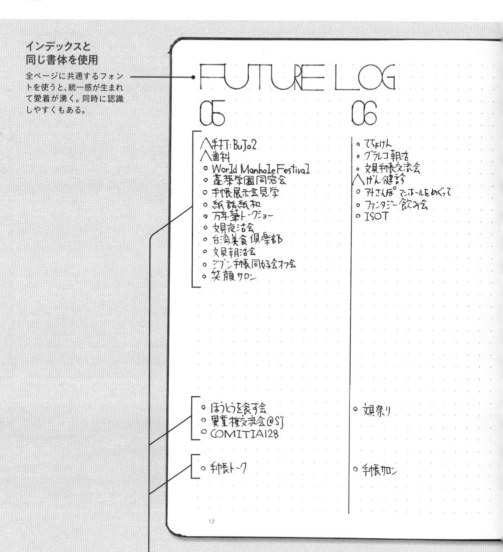

自分に関わるレベルで分けて記入

上から一般の予定、真ん中が一部運営に関わっているイベントや興味レベルの高いイベント、下が自分主催のイベント。

CHAPTER **03** | ロイヒトトゥルム1917×バレットジャーナル
徹底ビジュアルガイド

**見やすい位置に
西暦を記入**

意外と現在の年がパッと出
てこないこともある。右上
の目につくところに書いて
おく。

2019

07

08

○ アイアンスカイ/第三帝国の逆襲
○ GVの日

∧ 歯科
∧ 眼科

○ 第58回日本SF大会 Sci-con

○ Maker Faire Tokyo 2019
○ C96
○ COMITIA129

○ 手帳夏祭り

○ 手帳メイク
○ 手帳サロン

13

⌐ AFTER BUJO ¬

イベントと自分の関係性によって
分類して書くことで、優先順位を
はっきりさせることができた

3見開きで作るフューチャーログ

見開きを4カ月で構成して、基本のフォーマッ
トよりも大きく、長く項目を書き入れることが
できるようにしました。自分とイベントの関係
性で書く場所を分ければ、どんなバランスで参
加するかを考えやすくなります。

073

4 MONTHLY LOG
マンスリーログ

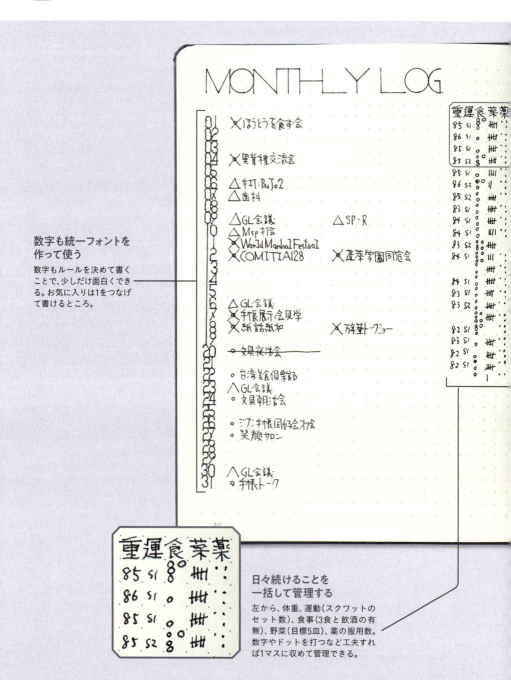

数字も統一フォントを作って使う
数字もルールを決めて書くことで、少しだけ面白くできる。お気に入りは1をつなげて書けるところ。

日々続けることを一括して管理する
左から、体重、運動(スクワットのセット数)、食事(3食と飲酒の有無)、野菜(目標5皿)、薬の服用数。数字やドットを打つなど工夫すれば1マスに収めて管理できる。

CHAPTER 03 | ロイヒトトゥルム1917×バレットジャーナル
徹底ビジュアルガイド

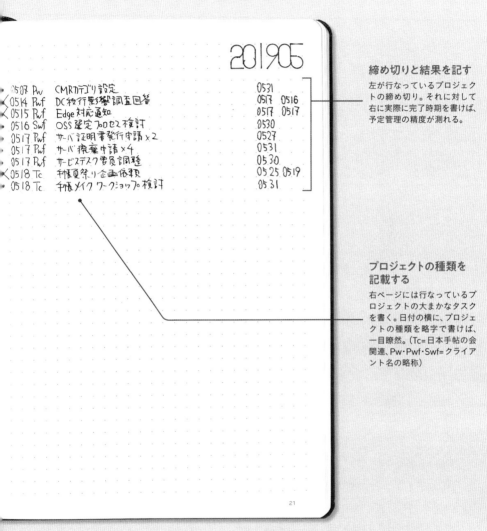

締め切りと結果を記す
左が行なっているプロジェクトの締め切り。それに対して右に実際に完了時期を書けば、予定管理の精度が測れる。

プロジェクトの種類を記載する
右ページには行なっているプロジェクトの大まかなタスクを書く。日付の横に、プロジェクトの種類を略字で書けば、一目瞭然。(Tc=日本手帖の会関連、Pw・Pwf・Swf=クライアント名の略称)

── AFTER BUJO ──

予定の管理だけでなく、必要な習慣も管理できている

最小の習慣管理表つきのマンスリー
予定をチェックするだけではなく、継続するための管理表を作りました。続ける力は健康のための行動から生まれてきます。1マスという最低限のスペースで管理すれば、見やすい上に、書くのもかんたんです。

075

5 DAILY LOG
デイリーログ

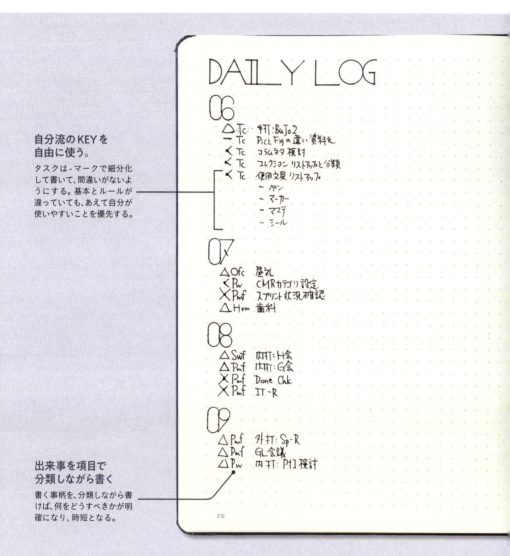

自分流のKEYを自由に使う。
タスクは-マークで細分化して書いて、間違いがないようにする。基本とルールが違っていても、あえて自分が使いやすいことを優先する。

出来事を項目で分類しながら書く
書く事柄を、分類しながら書けば、何をどうすべきかが明確になり、時短となる。

CHAPTER 03 | ロイヒトトゥルム1917×バレットジャーナル 徹底ビジュアルガイド

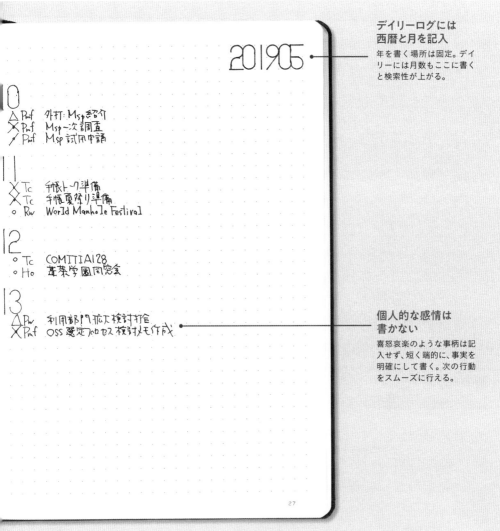

デイリーログには西暦と月を記入
年を書く場所は固定。デイリーには月数もここに書くと検索性が上がる。

個人的な感情は書かない
喜怒哀楽のような事柄は記入せず、短く端的に、事実を明確にして書く。次の行動をスムーズに行える。

― AFTER BUJO ―
複数のプロジェクトを書き込むことで、今、何にどのくらい取り組んでいるかが明確に

行うべき項目を必要最低限に記入
不要な情報を極力省いたToDo管理項目を記入。その際、その項目が含まれるプロジェクトをそれぞれ分類し、複数のプロジェクトをどうバランスを取り、どれに力を入れて進めるべきかを判断する材料にできるようにしています。

077

COLLECTION
INFORMATION FLOW

6　コレクション

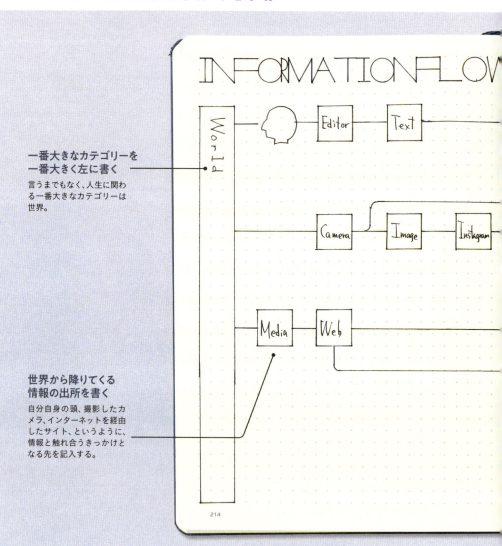

一番大きなカテゴリーを一番大きく左に書く

言うまでもなく、人生に関わる一番大きなカテゴリーは世界。

世界から降りてくる情報の出所を書く

自分自身の頭、撮影したカメラ、インターネットを経由したサイト、というように、情報と触れ合うきっかけとなる先を記入する。

CHAPTER 03 | ロイヒトトゥルム1917×バレットジャーナル 徹底ビジュアルガイド

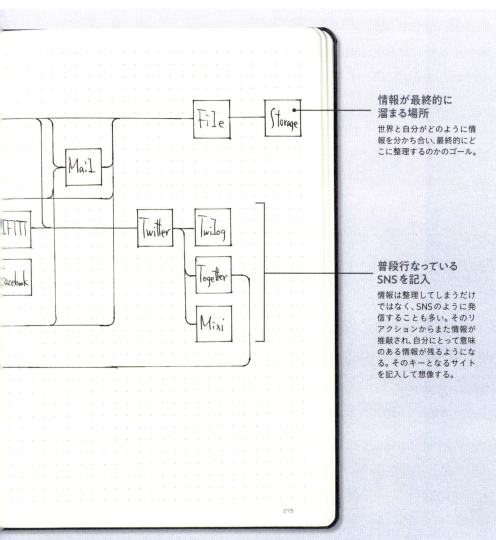

情報が最終的に溜まる場所
世界と自分がどのように情報を分かち合い、最終的にどこに整理するのかのゴール。

普段行なっているSNSを記入
情報は整理してしまうだけではなく、SNSのように発信することも多い。そのリアクションからまた情報が推敲され、自分にとって意味のある情報が残るようになる。そのキーとなるサイトを記入して想像する。

AFTER BUJO
曖昧になっている状態を、書き出すことで可視化。どうするかを考えなくてもよくなった

使う情報の流れを書いてはっきりさせる

あらゆる方向から入ってくる情報は、そのままに扱うと、どう整理したらいいのかわからなくなります。忘れたり、迷子になったり。かかわる要素を書いて流れを定めれば、いちいちどうするべきか迷う必要はなくなります。

079

CASE_ #02

転職先での仕事を円滑にするため
情報も、頭の中も整理整頓

えりな（会社員・32歳）
Twitter&Instagram：@_eriina

　もともとスケジュール管理として手帳は使っていましたが、新しいリフォーム系の職場での日々のタスクや出来事の記録と、プロジェクトごとの進捗を把握しなくてはならず、その辺りを混乱しないように管理する必要があるのでバレットジャーナルをはじめました。膨大な情報整理をどうすればいいか最初は悩みましたが、プロジェクトごとにテーマカラーを決めることでひと目で違いがわかり、重なるプロジェクトをどうこなすかということに集中できるようになりました。

　バレットジャーナルのおかげでタスクや情報を整理するくせがつき、事務所の机など身のまわりの整理整頓もできるようになりました。仕事が立て込んでしまっても、「私にはバレットジャーナルがあるから大丈夫！」という謎の自信も持てるようになりました（笑）。

BEFORE

進捗状況が異なるプロジェクト管理がうまくできず、やり忘れも発生。たくさんの情報をまとめきれず、あちこちに散らかってしまう。

→

AFTER

プロジェクトごとにテーマカラーを決めて違いを一目瞭然に。先に日々のタスクをすべて書き出すことで、やり忘れがなくなった

| CHAPTER 03 | ロイヒトトゥルム1917×バレットジャーナル 徹底ビジュアルガイド |

CONTENTS MAP
コンテンツマップ

日々のやるべきことを明確化することで、仕事の進行がスムーズに。1日が終わるとログになり、日報の役割も果たしてくれるようになる。

1 INDEX & KEY LIST

KEYは最小限にして、すぐに情報を把握できるようにする

2 FUTURE LOG

月のタスクを管理。プロジェクトごとにカラーの色を変えて把握する

3 MONTHLY & WEEKLY

コクヨの「Pat-mi Pocket」をそのまま貼りつけて使用

4 DAILY LOG

日々のタスクをすべて書き出しながら、頭の中も同時に整理する

5 PROGRESS CHART

プロジェクトごとの進捗表。一覧にすることで全体の状況を把握できる

6 MEMO

残しておきたいメモや、リストとして活用

インデックス／キーリスト
1 INDEX / KEY LIST

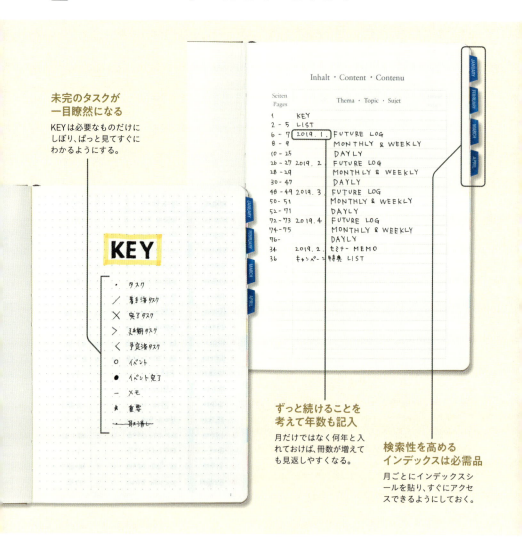

未完のタスクが一目瞭然になる
KEYは必要なものだけにしぼり、ぱっと見てすぐにわかるようにする。

ずっと続けることを考えて年数も記入
月だけではなく何年と入れておけば、冊数が増えても見返しやすくなる。

検索性を高めるインデックスは必需品
月ごとにインデックスシールを貼り、すぐにアクセスできるようにしておく。

AFTER BUJO
インデックスを重視することで検索性をアップ

シンプルにして検索性を高める
さまざまなページの情報を1つにまとめ、どのタスクがいまどういう状況かがすぐにわかるように、KEYなどもなるべくシンプルにして数を増やさないようにしています。

CHAPTER 03 ロイヒトトゥルム1917×バレットジャーナル 徹底ビジュアルガイド

フューチャーログ
2 FUTURE LOG

わかっている情報は
細かく書く
タスクの日付や時間がわかっているものは明記する。

異なるプロジェクトの
違いは色で認識する
KEYの前に各プロジェクトごとのマーカーをつけることで違いがわかるようになる。

インデックス化することで
見つけやすくする
プロジェクトごとにマーカーで着色したインデックスをつけ、何をいつしたか検索しやすくしている。

AFTER BUJO

色分けで現場ごとのタスクを混乱せずに管理できる

月のやるべきことのハブ

以前は管理するべきことが多過ぎて途方に暮れているだけでしたが、その月にやるべきことがはっきりわかると日々のタスクにも落とし込みやすく、作業がスムーズになり、心も軽やかになりました。

マンスリー／ウィークリーログ
3 MONTHLY / WEEKLY LOG

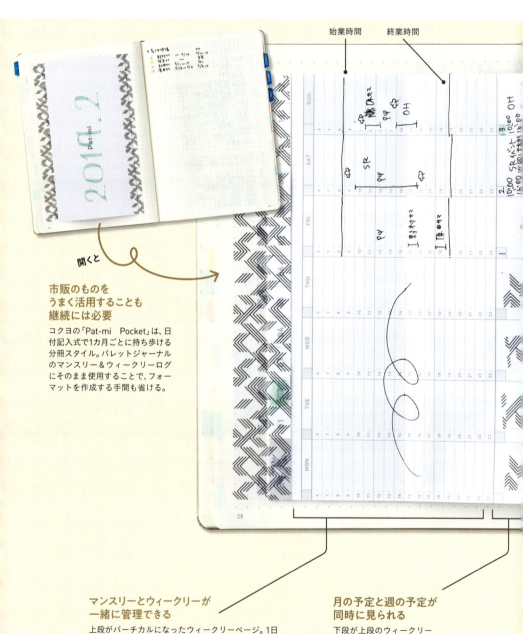

開くと

**市販のものを
うまく活用することも
継続には必要**

コクヨの「Pat-mi Pocket」は、日付記入式で1カ月ごとに持ち歩ける分冊スタイル。バレットジャーナルのマンスリー＆ウィークリーログにそのまま使用することで、フォーマットを作成する手間も省ける。

マンスリーとウィークリーが一緒に管理できる

上段がバーチカルになったウィークリーページ。1日のログを残すプライベート用のバーチカルは24時間欲しいが、ビジネス用ならこの時間帯で十分。

月の予定と週の予定が同時に見られる

下段が上段のウィークリーページと連動したマンスリーページ。

084

| CHAPTER 03 | ロイヒトトゥルム1917×バレットジャーナル 徹底ビジュアルガイド |

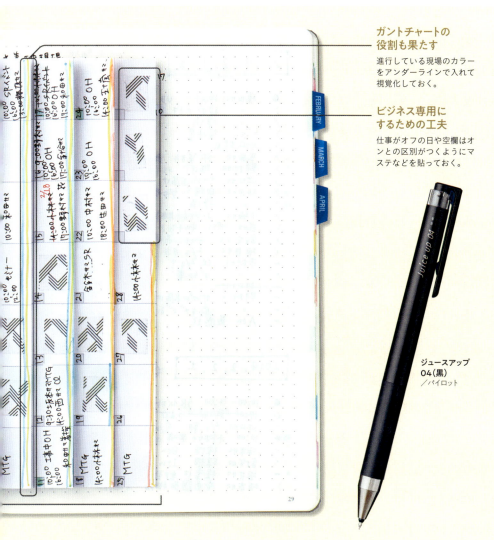

ガントチャートの役割も果たす
進行している現場のカラーをアンダーラインで入れて視覚化しておく。

ビジネス専用にするための工夫
仕事がオフの日や空欄はオンとの区別がつくようにマステなどを貼っておく。

ジュースアップ04(黒)
／パイロット

― AFTER BUJO ―

専門のフォーマットを使うことで作業を簡略化

普段は単品で持ち歩ける
マンスリーとウィークリーが一緒になった市販品を使うことで、フォーマットを作成する手間が省けます。ミニサイズのため、普段は単品で使い、月末にマンスリーページに貼っています。

4 DAILY LOG
デイリーログ

毎日書かない理由は明確
バレットジャーナルは仕事の管理に使っているため、仕事がオフの日のことは書かない。

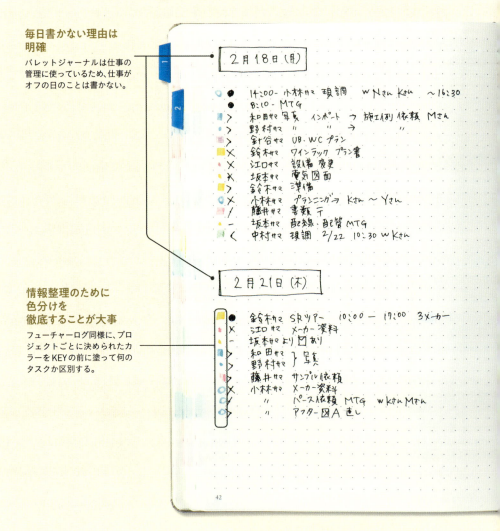

情報整理のために色分けを徹底することが大事
フューチャーログ同様に、プロジェクトごとに決められたカラーをKEYの前に塗って何のタスクか区別する。

AFTER BUJO
色分けとKEYで毎日のタスク管理がスムーズに

日々のタスクは前日と当日に書く
前日の終わりに翌日の予定しているタスクを書き出し、スムーズに仕事に取り掛かれるようにしています。当日は必要に応じてタスクを増やし、1日にやるべきことを確定させていきます。

| CHAPTER 03 | ロイヒトトゥルム1917×バレットジャーナル 徹底ビジュアルガイド |

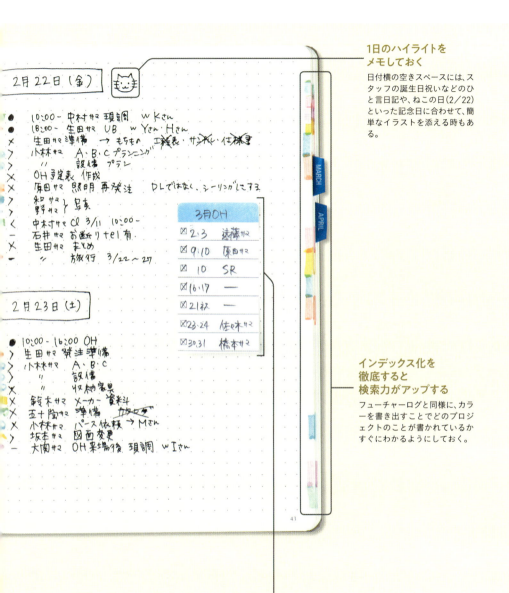

1日のハイライトを メモしておく
日付横の空きスペースには、スタッフの誕生日祝いなどのひと言日記や、ねこの日（2/22）といった記念日に合わせて、簡単なイラストを添える時もある。

インデックス化を 徹底すると 検索力がアップする
フューチャーログと同様に、カラーを書き出すことでどのプロジェクトのことが書かれているかすぐにわかるようにしておく。

未来の予定や下書きなど 付箋をうまく活用
付箋は予定表を作成するための下書きや、数日先の特記しておくタスクなどを書いて、当日になったらデイリーページに落とし込む。

087

5 COLLECTION (コレクション) PROGRESS CHART

重要なことは★印で目立たせる

成立のタイミングで赤い星印をつけ、プロジェクトの進捗を管理する。

KEYとは違うルールを適用

〇＝工事内容で関わる項目にマルをつける
●＝タスクが完了したらマルを黒く塗りつぶす
—＝該当項目なし。

プロジェクトごとにカラーテーマを決める

ここで決めた色分けを各フォーマットで共通して使用し、プロジェクトごとの履歴を検索しやすくしている。

✦ AFTER BUJO ✦

一覧にすることで、全体の進行がひと目でわかるようになった

コンテンツを追加できるのが魅力

それぞれのプロジェクトのタスクはデイリーログなどで管理できますが、一覧表を作ることで全体の進捗状況を把握することができます。必要なコンテンツを足せることがバレットジャーナルの良さですね。

CHAPTER 03 ロイヒトトゥルム1917×バレットジャーナル徹底ビジュアルガイド

6 コレクション COLLECTION MEMO

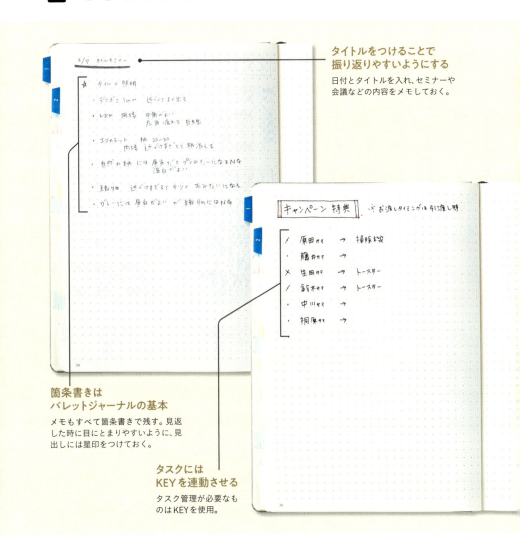

タイトルをつけることで振り返りやすいようにする
日付とタイトルを入れ、セミナーや会議などの内容をメモしておく。

箇条書きはバレットジャーナルの基本
メモもすべて箇条書きで残す。見返した時に目にとまりやすいように、見出しには星印をつけておく。

タスクにはKEYを連動させる
タスク管理が必要なものはKEYを使用。

― AFTER BUJO ―
インデックスのおかげで、メモの場所が行方不明にならない

メモしたことが活用できる
ふと思いついたことや気になったことなどがあればメモ欄を作成し、そのページ数をインデックスに残すことで見返しが楽に。ただ書くだけではなく検索性を高めることで、そのメモを次の仕事に生かせます。

089

CASE_ #03

自分の調子の良し悪しに合わせて
対応してくれる柔軟な書き込み手帳

わか（会社員・29歳）
Instagram : @waka_bujo

　妊娠中にふと、"このまま仕事・家事・育児に追われて、気づいたら何も残らないまま年を取っているのでは？"という不安に駆られました。日々の記録を残すため、バレットジャーナルをはじめました。

　今はデイリーをメインに使っています。毎朝出社して、就業時間前に日付を書いて昨日できなかったタスクを書き移し、新しいタスクを足すという日課ができました。市販の手帳を使っているときは、ここにもう少しメモがあればなど、不便を感じている部分がありましたが、バレットジャーナルは自分ですぐ改良できるので楽しくて、もっと使いたくなります。時間に余裕があるときはちょっと凝ったページにしたり、時間がないときはペン1本でシンプルに使ったり、その時の状況や気分に応じて自分の好きなように使っていけることも魅力です。

BEFORE

何をしていいのか、しているのか、実感が湧かない毎日。自分の筆跡で自分の思考が残るのが嫌で、頭の中でもやもやと考えるだけだった

AFTER

バレットジャーナルが定着すると書くことに対して抵抗がなくなり、何かあったら書き出すという習慣ができて、考えが整理された

CONTENTS MAP
コンテンツマップ

手間をかけずに、必要な要素を使いやすく。
そのためにデザインはポイントのみ。
使うほどにもっと使いたくなる1冊になった。

1 INDEX & KEY LIST

基本に忠実なインデックス。KEYの文字
だけは大きく見やすくしている

2 FUTURE LOG

少し面倒でも必要度が高いので、マンス
リーカレンダー付きに

3 MONTHLY LOG

マンスリーは予定だけでなく、タスクメ
モやお金のログも残す

4 DAILY LOG

実用性に特化したデザイン。見やすくて、
余白もできずお気に入り

5 BOOK LIST

コレクションにはイラストも加えた。や
はりパッと見てわかるようにするため

インデックス／キーリスト
1 INDEX / KEY LIST

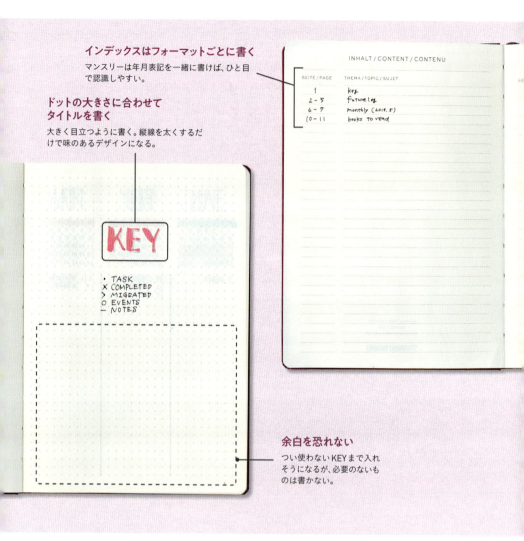

インデックスはフォーマットごとに書く
マンスリーは年月表記を一緒に書けば、ひと目で認識しやすい。

ドットの大きさに合わせてタイトルを書く
大きく目立つように書く。縦線を太くするだけで味のあるデザインになる。

余白を恐れない
つい使わないKEYまで入れそうになるが、必要のないものは書かない。

― AFTER BUJO ―
自分の生活に目次をつけられるようになった

自分の使いやすさを感じる

その日の気分や時間の余裕の有無で、文字のデザインに凝りたいときもあれば、そうでないときもあります。ですので、共通するフォーマットやルールについては、自分が使いやすさを実感できるよう、シンプルに記入しました。

CHAPTER 03 ロイヒトトゥルム1917×バレットジャーナル徹底ビジュアルガイド

2 FUTURE LOG
フューチャーログ

必要以上に凝らない
文字の大きさを変えるだけでアイキャッチには十分。自分の気持ちが乗らないところはデザインに凝る必要はない。

あると便利なマンスリーカレンダー
休日をイメージしながら下のタスクを書くのに便利。カレンダーを見ながら書けば、さほど時間はかからない。

ぎゅうぎゅうに詰め込まない
見開きで12カ月のフォーマットにしても成り立ちそうだが、あえてしない。余白は余裕。

AFTER BUJO
月ごとの予定を忘れず、計画的に実行できる

実用ときれいさのバランスをとる
毎日使うものなので、面倒だとか、作るのが大変だと思わないような、かんたんで使いやすいフォーマットを目指しています。マンスリーカレンダーをつけるだけで、使い勝手がかなり変わります。

3 MONTHLY LOG

マンスリーログ

少し太い筆記体でタイトルを書く
縦の線を太くする＋筆記体で書くだけでおしゃれに見える。少し練習するだけで簡単に書ける。

ZIG クリーンカラー リアルブラッシュ（ライトグリーン）／呉竹

曜日は頭文字だけ
漢字よりも慣れれば見やすいアルファベットの大文字。早く書ける。休日は赤字で。

家族の予定も一緒に管理
左側に自分の予定、右側に夫の予定を入れて外出のタイミングなどを合わせて管理している。

CHAPTER 03 | ロイヒトトゥルム1917×バレットジャーナル
徹底ビジュアルガイド

monthly

memo

― リ帰省の準備
- おみやげ
- 母の日どうする？
  誰かプレモ
- もらってくるもの確認

allowance

- ノート   ￥864
- おかし   ￥132
- ランチ   ￥1928
- パン   ￥302
- 本   ￥1160
- プレゼント   ￥1771

**予定に関わる情報を
右にまとめる**
左はイベントに紐づくToDoに
近いメモ。右はお小遣いを使
った記録。無駄遣いを避ける
ことができる。

7

AFTER BUJO

予定だけでなくメモを書くよう
になったので、マンスリーペー
ジを使う頻度がアップした

予定だけでなくToDoやログも取りたい

左ページにマンスリー、右ページにToDoメモ
や購入履歴が書けるレイアウトにすることで、
やり残しをなくしつつ、別日に振り返ることが
できるページにしました。マンスリーを開く理
由がある見開きにしたのがポイントです。

095

4 DAILY LOG

デイリーログ

アイコンのように日にち情報をまとめる
年を表す19、月を04、日を08というようにまとめて書けば、情報が一瞬でわかる。

書けない日もOK
書くことがなかったり、書けなかったりしてもまったく気にせず、次の日に進む。

土日が忙しいのは仕方がない
上の水曜日のように、土日は動きがランダムで書けないこともあるが、まったく気にしない。

CHAPTER 03 | ロイヒトトゥルム1917×バレットジャーナル 徹底ビジュアルガイド

日にち情報の部分に ラインを入れる

同じ色でラインを入れれば、日にちの区切りが見やすい。月ごとに変えるとなお検索性が上がる。

マイルドライナー （マイルドグリーン） /ゼブラ

下にできた 余白は埋めない

次の日を書き入れられそうな微妙な余白ができたときは、さっぱり諦めて次のページに進む。

― AFTER BUJO ―

自分で書き込むスペースを決められるので、書ききれない余白へのストレスを感じなくなった

一番使うページだからシンプルに

最もよく開き、使うページなので、極力無駄なことを書かず、短く端的に書くことをイメージして作ったフォーマットです。簡単に、きれいに作れば、見直す気持ちが増えてくるのが不思議です。

5 COLLECTION BOOK LIST
コレクション

ドットを意識して書けばきれいになる
左右対称のものは、ドットを数えて書けば、技術がなくてもある程度きれいに書ける。

読み終わった本に印をつける
読み終わった本は、マーカーをして見やすくする。ここだけ色をつけるだけで、見やすさが大きく変わる。

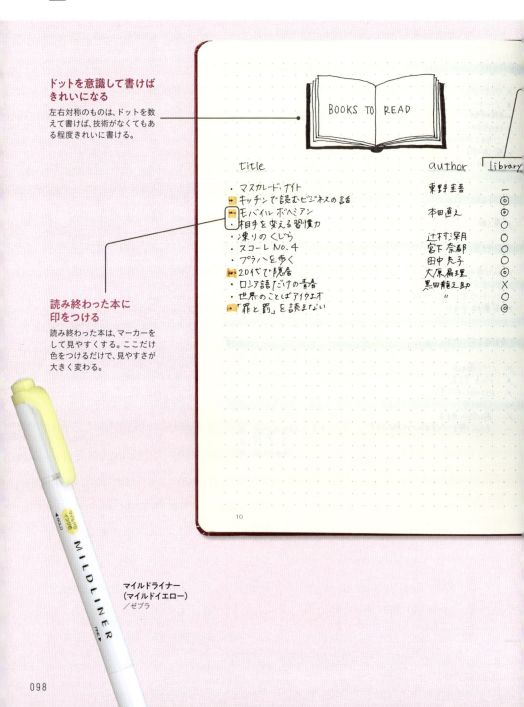

マイルドライナー
（マイルドイエロー）
／ゼブラ

CHAPTER 03 ロイヒトトゥルム1917×バレットジャーナル 徹底ビジュアルガイド

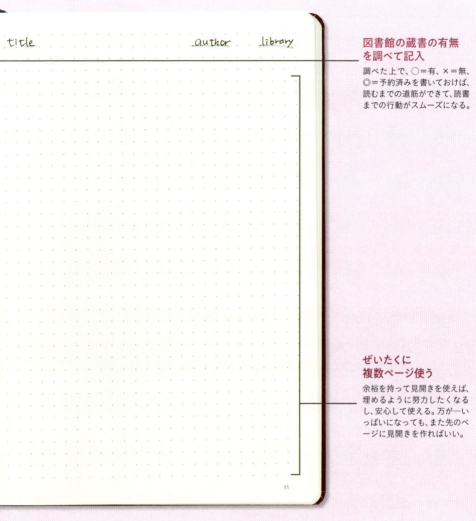

図書館の蔵書の有無を調べて記入

調べた上で、○＝有、×＝無、◎＝予約済みを書いておけば、読むまでの道筋ができて、読書までの行動がスムーズになる。

ぜいたくに複数ページ使う

余裕を持って見開きを使えば、埋めるように努力したくなるし、安心して使える。万が一いっぱいになっても、また先のページに見開きを作ればいい。

― AFTER BUJO ―

読みたい本のことを忘れることがなくなった

書き込みスペースを大きくとる

コレクションの中でも人気の高いブックリスト。気をつけているのは、書き込む場所を多めにセッティングすること。書くことだけではなく、書かないこと、スペースを残すこともバレットジャーナルに必要な視点だと思います。

CASE_ #04

自分で舵を取って
生活するための必需品

てがきのゆっきー（31歳・主婦）
Instagram : @iidayuki2018

　夫の海外赴任に帯同するため、長く勤めた会社を退職し、日本に戻ってきたら空っぽのような気持ちになってしまっていました。資格を取ったり本を読んだりしても解消しなくて、また、不妊治療がうまくいかず心が疲れていた時期だったこともあって、毎日を楽しく生きるための方法を知りたかったんです。バレットジャーナルはもともと字を書くことが好きだったこともあり、講座を受けたことがきっかけではじめました。

　驚いたのは、ただ過ぎていくだけと感じていた毎日が、自分で舵を取った生活に変わったことです。自分が何をやっているかをしっかり書くことで、空っぽな気持ちは、"今日私は何をしたか・するか"で埋まっていきました。自分自身と向き合う時間を持てたことで、今ある幸せを味わう余裕ができたこと、本当に嬉しく思います。

BEFORE

何をどう過ごしたらいいか見えなくて、空っぽのような気持ちで心が疲れ気味

→

AFTER

バレットジャーナルをはじめたら、何をするかだけでなく、何をしたかも見えるようになって、自分が見えてきた

CHAPTER 03 ロイヒトトゥルム1917×バレットジャーナル
徹底ビジュアルガイド

コンテンツマップ
CONTENTS MAP

上下にマスキングテープを貼って美しさと強度を両立。
楽しいページを作りながら、自分にとって
最も使いやすいフォーマットデザインを模索し続けている。

1 INDEX & KEY LIST

ひと目でKEYページとわかるように幅が
広めのマスキングテープを貼ったページ

2 FUTURE LOG

予定だけでなく、マンスリーカレンダー
とゴールイメージを書き込んでいる

3 MY WISH LIST

実現したいことリスト。多くの項目が書
け、見やすいデザインを心がけた

4 INSTAGRAM & BOOKLIST

パッと見てどのくらい行動できているか
がわかるコレクションページ

5 MONTHLY & WEEKLY LOG 01

ライフサイクルに合わせた要素をレイア
ウトしたウィークリー

6 MONTHLY & WEEKLY LOG 02

微妙に変わる毎日の流れに合わせてデザ
インを調整したウィークリー

1 INDEX / KEY LIST
インデックス／キーリスト

簡潔に少しまとめて記入
ノート1冊分の項目を書くことを予測して、ページ割りを細かくし過ぎず記入する。

モノクロで見えやすさ重視
黒と白のみ使うことで、パッと見ても記号が理解しやすくページをデザインする。

AFTER BUJO
見やすいページにしたことで、起点になるページを見返す頻度が増えた

あえてシンプルに最低限のルールを採用する
多くのルールを最初に決めてしまうと、できない自分と長く付き合うことになることも。KEYはシンプルに必要最低限の内容にとどめて、モチベーションが損なわれないようにしています。

CHAPTER 03 ロイヒトトゥルム1917×バレットジャーナル
徹底ビジュアルガイド

フューチャーログ
2 FUTURE LOG

**予定は
シンプルに書く**
左はカレンダー、中央は誕生日やイベントを書く。数字でなく・になっているものは日付が未決定のもの。

**あえて未来を
過去のこととして書く**
右はこうなっていたらという未来の希望を起きたこととして記入する。

vegenery マスキングテープ
ブロッコリー
／オリエンタルベリー

── AFTER BUJO ──

自分のしたいことを知って、それを実現し、達成感を得られるようになった

自分の理想と現実の両方を書き込む

気づいたら1年たっちゃってた…をなくすために、半年を区切りにして書きます。ここに書いた理想の自分や生活を意識すれば、日々に実感が出ます。

3 COLLECTION コレクション MY WISH LIST

飾り文字で ワクワク感を出す

文字の太線を横線のみで塗っていくとかわいいイメージになる。ドット罫を文字の大きさを整える目安にする。

MY WISH LIST

- ☐ 子どもを産む
- ☐ 家族写真を撮る
- ☐ 名古屋まで車を運転して行く
- ☐ 語学留学をする
- ☐ フィリピンで生活する
- ☐ 投資をはじめる
- ☐ 手帳の本・雑誌に載る
- ☐ iPad×手帳の本を出す
- ☐ インスタのフォロワー1万人
- ☐ 2回目のヘアドネーションをする
- ☒ 英語の自己紹介考えて練習する
- ☐ 三味線をひく
- ☐ ダイニングテーブルを置く
- ☒ 給与明細を捨てる
- ☐ 自分用の作業机を持つ
- ☐ オーロラを見に行く
- ☒ X JAPANのライブに行く
- ☐ ライオンにさわる
- ☒ キャンプをする
- ☐ 手話を勉強する
- ☒ 人前に立って話す
- ☐ 32歳の誕生日ミニーちゃんに会う
- ☐ 大学に行く
- ☐ ゆかたでデートする
- ☒ 実家の荷物を処分する

- ☐ 日本食について学ぶ
- ☒ メイクのレッスンを受ける
- ☐ シュルツミュージアムに行く
- ☐ サインを求められるようになる
- ☐ 教室をひらく
- ☐ いつでも人が呼べる家にする
- ☒ 人に何か教えられるようになる
- ☐ コアラをだっこする
- ☐ かわいいおいしいパフェを食べる
- ☐ ミラコスタに泊まる
- ☐ 博多に行く
- ☒ てがきの字で収入を得る
- ☐ 空手をやってみる
- ☐ ギターで曲を発表する
- ☒ お弁当を持って公園に行く
- ☒ 絵馬を書く
- ☐ 大きな図書館に行く
- ☐ 人生の年表をつくる
- ☐ 社交ダンスをやってみる
- ☐ ハリネズミカフェに行く
- ☐ ランタン祭りに行く
- ☐ 茶道をはじめる
- ☐ 夫の誕生日にびっくりさせる
- ☐ 似合うメガネを買う
- ☐ 星を見に行く

幅15mmのマステを貼る

マスキングテープ(セリア)の好きな柄を貼る。なるべく元気の出るモチーフを選ぶ。

AFTER BUJO

後ろ向きの考えがなくなり、より前向きに、実現させたいことに集中できるようになった

未来の自分には不可能はない

やってみたいことを一気に書き出すリスト。絶対に無理だと思うこと、今は無理でも数カ月後の自分なら可能というレベルのことも、とにかく全部書きます。興味がなくなれば消すのもOK。自分を理解する練習になります。

CHAPTER 03 | ロイヒトトゥルム1917×バレットジャーナル 徹底ビジュアルガイド

達成したら塗りつぶす
やりたいことが成就したら、四角を塗る。まだできていないものは気にしない。

デザイン枠で見やすく整える
一列を横幅をドット13個分にすれば、4列をきれいに囲める。ランダムで※印を入れるとポイントになる。

スペースをたっぷり取る
各ページ2枠分を見開きで使うことで、25行×4枠=100個書ける。思いついたらその都度書き込んでいく

105

COLLECTION
INSTAGRAM & BOOKLIST

4 コレクション

タイトルは同じ塗り方にする
他のコレクションと同じ塗り方にすると統一感が保たれる。

無心で作ればくせになる
定規で書く。少し面倒に見えるが、ドットがあるので書きやすいし、書くと心が整う気がする。

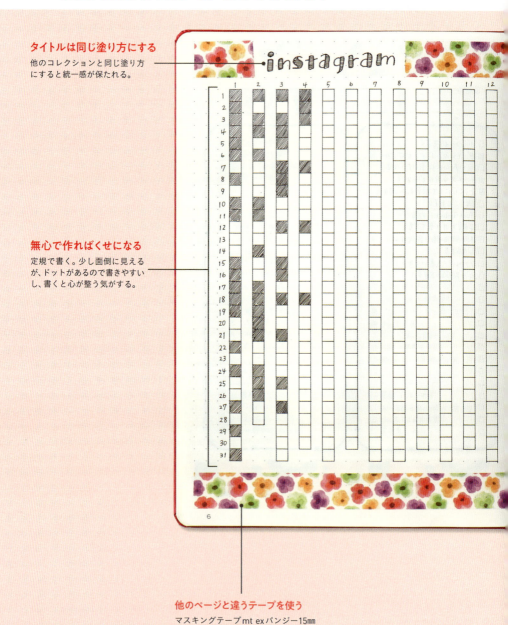

他のページと違うテープを使う
マスキングテープmt exパンジー15mm（カモ井）を使用。テーマごとに変えれば、ページを見分けやすくなる。

CHAPTER 03 | ロイヒトトゥルム1917×バレットジャーナル 徹底ビジュアルガイド

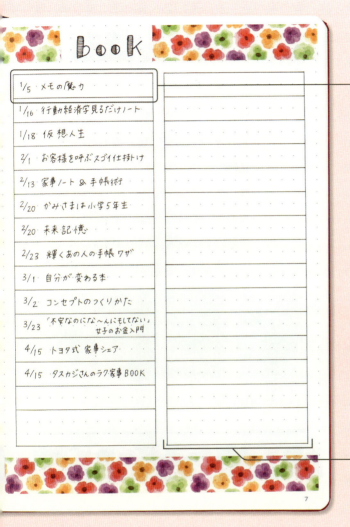

読んだ記録を残す
読了した日にちとタイトルだけをシンプルに記入する。ここも見やすさを重視。

定規とドットを利用する
きれいにフォーマットを作れば、気持ちが込もって、続けたくなる。

AFTER BUJO
無理なく自分に習慣化を促すことができている

楽しく習慣化するための工夫をする
手書きで書いたものをインスタグラムで発信していて、楽しく続けられるようにスタンプカード感覚の表を制作。読んだ本リストは、読書を習慣にするために作りました。

5

MONTHLY /
WEEKLY LOG 01

マンスリー／ウィークリーログ

決定している予定を書く
四角の中に日付を表す数字を入れ、決まっている予定を書き出す。

月名をアイコンにする
2019 JAN をかこむ○には100均で買ったコンパスを使用。なければマスキングテープの内側を使って描いてもいい。

月間カレンダーを書く
月名の下にあると便利。月の休日がわかるように休日をピンクの色鉛筆で色付けする。

細かくシンプルに書く
枠にペンだけで作れる簡単な飾りを書くと見やすくなる。

ピグマ01
／サクラクレパス

ドット罫のページは、このペン。顔料インクを使っているのでマーカーを上から引いてもにじみづらい。

過ごしたいイメージの写真を貼る
その月に自分がどう過ごすのか、ゴールを決めて合うイメージ写真を貼る。フリー素材のページ（https://pixabay.com/ja/）から見つけて、inspic（Canon）の四分割プリントを使うと便利。写真を貼ると、文字よりも強くイメージを頭に残すことができる。

その月に行うToDoを書く
やりたいこと、やると決めていることを書き入れ、実行したら四角を塗る。

108

CHAPTER 03　ロイヒトトゥルム1917×バレットジャーナル 徹底ビジュアルガイド

日々のタスクを記入

最大14個書ける。キーワードだけ簡潔に書くのがポイント。楽しくない家事も書き出して達成感を得る。

ウィークリーの最後に思い出ページを作る

スマホの写真を活用して、アプリPrintSmashで作ったインデックスをコンビニでプリントして貼り、振り返りをしている。旅行の時などは専用のページを作ることも。

AFTER BUJO

目標やテーマをしっかり設定したことで、どう過ごしていきたいかが明確に

楽しい未来をイメージできる仕掛けを使用

マンスリーを1ページにまとめ、ウィークリーを使います。必要な情報だけをまとめたいので、ブロックマンスリーなど必要のないものは書きません。やったことをきちんと書けば"何もせず1日が終わった"と感じなくてすみます。

6 マンスリー／ウィークリーログ
MONTHLY / WEEKLY LOG 02

次の月はデザインと色を変える
月ごとの変化をひと目でわかるようにするために、丸のデザインやマスキングテープの色を変える。気分転換にもなる。

デザインのポイントに色鉛筆を使用
アンダーラインを色鉛筆(ダイソー)で書けば、色写りの心配がなく、紙面がきれいになる。マスキングテープに合わせた色だとなおよい。

マスキングテープを貼る
上下に貼ると、ページが見つけやすくなるし、ページの保護にもなるのでおすすめ。

CHAPTER 03 ロイヒトトゥルム1917×バレットジャーナル徹底ビジュアルガイド

書きたいことの量でフォーマットを変える

ToDoがそんなに多くなくていいときや、マスキングテープを使いたいときは、このタイプのフォーマットを使うことにしている。

`2019.2.4-10 WEEK6`

monday
- ☑ Oさんとzoom
- ☑ フォーマット作成
- ☑ 保健センターに電話する
- ☑ インスタに1件投稿
- ☑ 布団を干す
- ☑ ゆで野菜をつくる

tuesday
- ☑ シールのかたづけ
- ☑ インスタの画像1枚
- ☑ そうじ機のそうじ
- ☑ 本を読む

wednesday
- ☑ 本を読む
- ☑ インスタ1件投稿
- ☑ 本を借りに行く
- ☑ iPad画像1枚
- ☑ 荷物受け取り
- ☑ いらない文房具の整理

thursday
- ☑ 読んだ本をまとめる
- ☑ 手帳部に投稿
- ☑ iPad画像1枚
- ☑ 洗剤を買いに行く
- ☑ つくりおきを作る

friday
- ☑ 台所引き出しのそうじ
- ☑ 弁当の具材つくっておく
- ☑ Yちゃんに連絡
- ☑ 洗たくの予備
- ☑ お泊まりの準備

saturday
- ● 夫の実家に泊まりに行く

sunday
- ● 朝市空気の入れかえ
- ● Kちゃん Jさんもくもく会
- ● パラレルリープのスタライブ
- ● 本を読む

◆ **テーマ**
今向きあっている事をやりづづける

◆ **しいたけ占い**
大丈夫、やりきってのムード。やぎ座はユウウツを友にしているところがある。不安やユウウツを一気に放出していく週になりそうです。今週はクライマックスをむかえる。やっていてよかったと思えそう。

◆ **ToDo**
- ● 保健センター電話
- ● 本のまとめ書く
- ● つくりおき
- ● 文房具の整理

◆ **ふりかえり**
やろうと思っていたことはできて良かった。手帳友だちのOさんとzoomでもくもくしたのが楽しかった。皮のお手入れの様子とか見せてもらった。私も楽しいと思うことをどんどんやろうと思った。本を読んでノートにまとめたりiPadで画像つくる時間がとれて良かった。

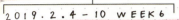

目標と占いで週の行動方針を捉える

何をすべきかをテーマでイメージすることで、行動の基点を作っていく。しいたけ占いとは、ヴォーグガールオンラインで掲載され人気となった占い師 "しいたけ" の占い。心に残ったところを抜粋して記入。

FEBRUARY

土日は外出が多いので欄を少なめに

書くことが少ないことがわかっている曜日は欄を元々狭くしておく。

振り返りができる欄を利用

1週間を振り返って書き込む欄はお気に入り。気持ちよく次の週に入ることができるようになった。

111

CASE_ #05

同じ失敗を繰り返さない！
余裕を生み出すタスク管理の決定版

Ai（営業アシスタント、商社事務／35歳）
Twitter : @ai_minase

　私は発達障害があり、タスク管理がとても苦手で、子どもが生まれてからは特に、生活が回せていないと悩んでいました。使っていた手帳では、通院時間のメモ、市からのお知らせ、保育園の行事や保護者会のメモ、家事や夫のシフトなど、情報の分類が上手くいかず、抜け漏れが出て、日々の出来事が自分のキャパシティを超えているように感じていました。そんな時、偶然ネットでバレットジャーナルを知り、「これだ！」と感激したのです。調べると、考案者のライダー・キャロルさんも発達障害があったとのこと。使いはじめてから、頭の中が整理され、家族や自分のために時間を有効に使えるようになりました。すきま時間に昔から好きだった洋裁や編み物をしたり、先の事についても目標を立てて動けるようになり、充実した日々を過ごしています。

BEFORE

その日のことだけでいっぱいいっぱいで、同じような失敗を繰り返していた

→

AFTER

やるべきことを期日内にこなし、余裕をもって過ごすことができるようになった。現在、過去、未来が線でつながったように感じている

CHAPTER 03 ロイヒトトゥルム1917×バレットジャーナル
徹底ビジュアルガイド

コンテンツマップ
CONTENTS MAP

必要な情報やメモを見ることができるので
覚えておく必要がなく、頭がクリアに。抜け漏れなく
タスクをこなすための重要なツールになっている。

1 INDEX & KEY LIST
分類・保存した情報を検索しやすくする
ためのフォーマット

2 FUTURE LOG
先の見通しを出して、予定を忘れずに管
理し、想定するためのページ

3 MONTHLY LOG
その月にやるべきことを管理し、タスク
化するために使っている

4 WEEKLY LOG
マンスリーで絞られた情報をさらに、週
単位に落とし込んで精度を上げている

5 DAILY LOG
ドレスログがポイント。毎日が楽しいロ
グになるデザインを心がけている

6 COLLECTION
まとめておきたい情報や、習慣として管
理したい情報を保存するフォーマット

インデックス／キーリスト

① INDEX & KEY LIST

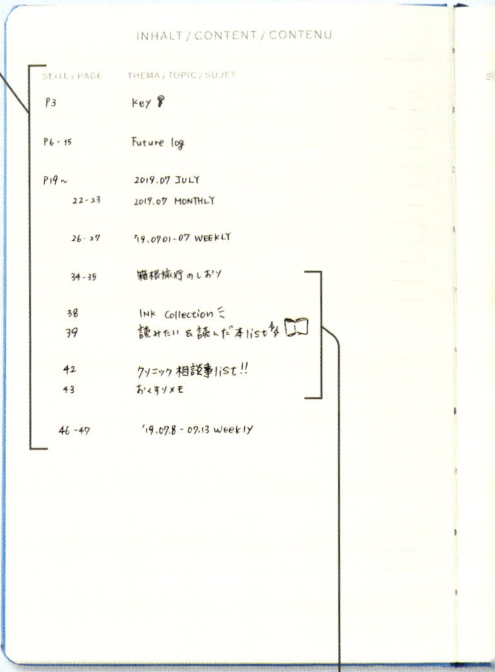

シンプルで視認性のよいインデックス

見やすさを重視した目次ページは、エナージェル(ぺんてる)のブラックを使用。

**マスキングテープは
飾りとページ保護に使う**

タイトルや飾り縁をマスキングテープで囲めば、破れづらくて見やすいページが作れる。BANDEがお気に入り。

**自分ルールは
最低限を記入**

オリジナルのKEYを使うと、自分流のカスタマイズができて使いやすくなる。ただ、あまり多くすると使いきれなくなるので注意。

**コレクションは
少し自由に書く**

自由なテーマで記録ができるコレクションページをタイトル別に管理。特に思い入れのあるページには、小さなアイコンをつけて少し特別感を出す。

◦AFTER BUJO◦

ごちゃまぜになっていた情報を整理し、自分のペースに落とし込めるようになった

情報を分類し検索し運用するための要

出来事や情報が錯綜して混乱した状況にならないように、ノートのどこに情報があり、どう分類するのかを記したノートの地図のようなページ。インデックスは見やすさ重視ですが、KEYは楽しく使えるようにきれいに飾ります。

CHAPTER 03 ロイヒトトゥルム1917×バレットジャーナル
徹底ビジュアルガイド

2 FUTURE LOG
フューチャーログ

予定管理の始点として使う
未来の予定や約束だけでなく、気になる行事も記入する。ここで内容を精査してマンスリーへ移している。

テープの縁取りで章分け
フューチャーログのページは、すべて同じ種類で縁取る。縁が強くなり、ページの保護にもなる。

毎月の目標を立てて行動方針を明確にする
仕事、家族の目標だけでなく、やりたいことも記入することで、予定を楽しく捉えられる。

月を分ける線にシールを使ってかわいく時短
花シール（マインドウェイブ）を貼って、月ごとの区切りに使う。幅の小さなサイズが使いやすい。

AFTER BUJO

予定を忘れず、何をすべきかを
楽しく考えられるようになった

未来の見通しを立てるフューチャーログ

単に未来の予定を書き込むだけではなく、やりたいこと、起こるかもしれないことなど、未来を想像して、想定するためのフォーマットとして使っています。このページから、マンスリーや他のページに情報を移して使います。

3 MONTHLY LOG

マンスリーログ

月のタイトルは
テプラを使用

毎月のタイトルは、テプラ（キングジム）で作ったシールを活用するルールに。手描きの手間がなく、毎月同じデザインで作ればノートに統一感が出せる。しかも、かわいい。

月間のタスクを
左にまとめる

すでに決まっている行事や予定や目標を書く。デイリーログに落とし込みやすくなる。

マンスリーのはじめに
華やかな扉を作る

バンデ（西川コミュニケーション）のシールで美しい枠を作る。水彩風の絵柄で手描きのような雰囲気に。

筆ペンでレタリング風
タイトルを書く

タイトルに筆ペンを使ってレタリングのように中央に描く。遊び心のある飾りも足して、マンスリーを楽しい気持ちではじめるポイントにする。

| CHAPTER 03 | ロイヒトトゥルム1917×バレットジャーナル
徹底ビジュアルガイド |

予定のない日を作る
スケジュールを詰めすぎないように、予定を入れたくない日にシールやマステを貼ってブロック。フリーになれる日を管理できる。

アクセスしやすい工夫
マンスリーにはアクセスしやすいよう、ここもテープで貼る縁取りを活用。フューチャーログのページと同様に、ピンク色でそろえてかわいさも演出。

AFTER BUJO

しなくてよい日を設定することで、心身のバランスがよくなった

やるべきこととやらないことを明確にする

マンスリーログでは、フューチャーログで見えてきたタスクの管理をしながら、自分のやりたいこと、そして動かない日などやらない日を作って、生活のバランスを取るための指針として使っています。

4 WEEKLY LOG
ウィークリーログ

上から書ける マステが便利

日にちと曜日に文字が書けるマステ(マークス)を使えば、かんたんにページデザインの幅が広がる。間違ったときもはがして書き換えられるのも嬉しい。

ウィークリーもマステで予定をブロック

マンスリーと同じように、スケジュールを詰めすぎないようマステで予定をブロック。理由も書いておくと、後から見返したときに思い出しやすい。

体調の良し悪しをシールで記録

気持ちをあらわせるシールは、体調管理にぴったり。色別のシールを貼るだけで、その日の具合がひと目でわかる。睡眠記録の時計にはスタンプを使用。

手帳用シール 気持ち 顔柄
／デザインフィル ミドリカンパニー

CHAPTER 03 ロイヒトトゥルム1917×バレットジャーナル
徹底ビジュアルガイド

**ミニサイズ
トラッカーを配置**

マステシート（エレコム）とトラッカースタンプ（デルフォニクス）で、ミニ・トラッカーを自作。週単位ならモチベーションを保ちやすく、続けられる。

**ToDoを
2種類に分けて管理**

上に週のタスクを書き、下にお買い物のリストを書く。タスクのタイトルを紙用マッキー（ゼブラ）とシグノホワイト（三菱鉛筆）を使えばシンプルできれいに書ける。

AFTER BUJO

具体的なメモやログを残すことで、起きていることが認識できるようになった

予定管理に加えて習慣化のログに利用

マンスリーの予定を書き写し、より明確に情報を管理しています。特に、睡眠や習慣化していきたいことなど、具体的な行動に合わせて書き残すページとして活用しています。

5 DAILY LOG
デイリーログ

デイリーの淵は華やかに飾る

バンデ(西川コミュニケーション)で淵をきれいに囲めば、デイリーページが美しい印象に。1/2ページか、1ページで使うように定めれば、より整って見える。

― AFTER BUJO ―

細かなことを全部書くことで情報がつながり、日々が動いている実感を得られるようになった

タスクだけでなく日々のことを記入

日々のファッションのログを残しつつ、より細密な出来事や、出てきたタスクをメモすることで、やり忘れを防いでいます。

CHAPTER 03 | ロイヒトトゥルム1917×バレットジャーナル 徹底ビジュアルガイド

毎日のコーディネートを スタンプでチェック
人体スタンプ(デルフォニクス)にマステシール(エレコム)を使えば、簡単に服のログを残せる。

空いたスペースは お気に入りを貼りつける
お気に入りの柄のマスキングテープを貼れば、ページが自分の好きなイメージに近く。

COLLECTION
6 コレクション
INK COLLECTION & BOOK LIST

**インクのコレクション
らしさを演出**

タイトルはインクのカラーを
イメージして多色カラーペン
で背景を塗る。

**インク瓶スタンプで
色集めを楽しむ**

マステシート（エレコム）にイ
ンク瓶スタンプ（ハピアプラッ
ツ）を押し、インクを塗るスペ
ースを作る。インク瓶にイン
クが入って増えていくのは、わ
くわくする。

122

| CHAPTER 03 | ロイヒトトゥルム1917×バレットジャーナル徹底ビジュアルガイド |

読みたい本と読んだ本のログ
本棚のイラストを書いて、読みたい本のタイトルを書き入れる。読み終わったら下に日付を入れる。

本棚は多めに作っておく
読みたい本が、後から浮かぶことも多い。余裕を持って多めに本棚を作っておくと便利。

― AFTER BUJO ―

今までできなかったことが形になり、毎日の充実を感じられる

楽しみと実用を兼ねた情報保存ページ

デイリーログや他のフォーマットで管理しきれない情報や、楽しみとして残していきたい、集めたい情報をコレクションにまとめています。楽しみのひとつなので、より見栄えを工夫すると気持ちよく続けられます。

7 COLLECTION SHIORI
コレクション

時間を予測して計画を立てる
移動時間も含めて調べながら書いておけば、たとえ少し時間がずれても対応しやすい。

着ていく服も楽しみの1つに
旅行に着ていく服を選ぶのも楽しみ。事前にイメージしておくと、直前や当日に慌てなくてすむ。

| CHAPTER 03 | ロイヒトトゥルム1917×バレットジャーナル
徹底ビジュアルガイド |

持っていくものは
入れるカバンから考える

カバンを想像して入れる量をイメージして準備すれば、無理のない量に整えられる。

持ち歩き用の
想定も忘れずに

カバンを2種類用意すると、荷物を整えて回れる。イラストを描くとイメージしやすい。

AFTER BUJO

旅行に行くだけではなく、準備を楽しめるようになり、しかも忘れ物がなくなった

旅行を楽しくする自作のしおり

1泊2日くらいなら見開きで書ききることができます。当日の行動に迷わなくなり、準備ができているので忘れ物がなくなります。

CASE_ #06

手帳が続かない私の救世主に！
行動力をアップさせてくれたお守りノート

(も・ω・い) もきゅん
(医療従事者・年齢非公開)
Twitter : @mokyun

　日々のタスクをリスト化して管理していたのですが、それだけでは満足できず不便を感じていました。そんなときにバレットジャーナルの存在を知り、ToDoにスケジュール管理を組み込めるならうまく行きそう、と感じて使ってみることに。フォーマットは自分の生活に合うように試行錯誤しました。テーマは、"らくに可愛く"です。気がつけば、ロイヒトトゥルム1917をはじめ今までバレットジャーナルで使ったノートは全部で10冊に。自分自身の最も大きな変化のきっかけは、「habit tracker」の項目を埋めたいがために、行動の習慣化ができるようになったことです。他のToDoも進むようになり、日々の生活が整いました。これからも自分の生活に合うフォーマットを模索しつつ、ずっとバレットジャーナルとともに人生を歩んでいきたいです。

BEFORE
毎日起きていること、すべきことがわかっておらず、流れにまかせているような状態。当然漏れも多く困っていた

→

AFTER
把握できていなかった自分のToDoやスケジュールを明確にすることができるようになった。

CHAPTER 03 | ロイヒトトゥルム1917×バレットジャーナル 徹底ビジュアルガイド

コンテンツマップ
CONTENTS MAP

各フォーマットを用途によって細分化して情報が
理解しやすいフォーマットを模索。
意味のある装飾をすることで、便利と楽しく使うが両立している。

1 KEY LIST

大きなページタイトルと、自分流のバレットが特徴。インデックスは使用せず

2 FUTURE LOG

シールと手書き文字の融合で、美しいデザインに。アイコンは文具を利用する

3 MONTHLY LOG

あえて手書き線で区切りを作ったマンスリー。ひと月の予定を一気に見られる

4 HABIT TRACKER

結果をつけるのが楽しみになる習慣管理のリストを目指している

5 WEEKLY SCHEDULE

週単位のスケジュールはこのページに書く。ToDoと別にして情報を明確に理解

6 WEEKLY TODO

週を見開きに書き、タスクを管理する。文具を駆使すれば、習慣化も簡単

1 KEY LIST
キーリスト

見返しやすいページは目立たせる
KEYページを目立たせるために大きめにKEYと書き、さらに左右に百円均一店で購入したシールを貼った。

自作のKEYを追加で使用
ハートは嬉しいことに、嫌なことがあったらドクロマークを使用。好きなパンダとエクスクラメーションマークでアイデア情報を目立たせる。

文字色はブルーブラック
ジュースアップ0.4ブルーブラック（パイロット）を使用。少し細めだが、文字がくっきり美しく映える。

AFTER BUJO
自分でカスタマイズしてもいいので、開かれた気持ちになり、書き込むモチベーションがアップ

バレットジャーナルのスタートを明るく
KEYページはバレットジャーナルの最初に用意するルールを決めるページ。近未来の生活を想像しながら、自分なりのアイコンを追加していくと、自分のペースで書き込みができる気がして、愛着を持ちながらスタートできます。

CHAPTER 03　ロイヒトトゥルム1917×バレットジャーナル徹底ビジュアルガイド

フューチャーログ
2 FUTURE LOG

マステ+手書きのデコ技
水性ペンで書けるマステに手書きで数字を記入。デコが苦手でも簡単に盛ることができる。

プチデコラッシュをアイコン代わりに
通常予定と特別な記念日を、シールのアイコンをつけて楽しく明確に分類する。

色分けで見やすく
マンスリーの曜日と数字を色分け。細部の工夫で簡単に見やすくなる。

月名はそれぞれ色を変える
マイルドライナーで色分けしたカリグラフィー風レタリングで、ぱっと見て月の区別をしやすくする。

AFTER BUJO

デコレーションによって、実用的できれいなデザインが簡単にできた

デコアイテムを使って可愛くきれいに

手書きで作るのも楽しいですが、デコるアイテムを使えば簡単にきれいな紙面ができあがります。手間がかからないので、面倒にならないし、デザインテイストが統一されるので、使い勝手もアップします。

129

3 MONTHLY LOG
マンスリーログ

マステとシールの使い分け
気分が上がるマステやシールで月を飾る。横や下枠はマステで、月名のレタリングのまわりにはシールを貼ると見やすくバランスがいい。

マンスリーの扉はシールで豪華に
bandeレモンで額を作り、筆まかせを使って月のタイトルをレタリング。手書きだけより手間なく華やかに飾ることができる。

枠は色鉛筆で描く
グレー色の色鉛筆を使ってフリーハンドで描くと、手書き感がでて質感がアップする。

CHAPTER 03 | ロイヒトトゥルム1917×バレットジャーナル 徹底ビジュアルガイド

シールをアイコンに使用
シールがアイコンと飾りの二役に。自分が好きなモチーフにデザイン統一して使うときれい。

- AFTER BUJO -
好きなイメージに寄せてデザインしたので、まさに自分の分身のように感じながら過ごせるようになった

色とシール使いで楽しくログを残す
マステやシール、色鉛筆を使い、手間をかけずに楽しくログを残しました。シールを予定に合わせた絵柄を貼ることで、予定を楽しく待つことができ、シールがアイコンになるので見返す時もわかりやすくなりました。

4 COLLECTION HABIT TRACKER
コレクション

日付と曜日を横一列に並べる

日付を上、下に曜日(頭文字のみ)を横2列にかき入れる。見開きで使えば縦の行数が多いので、31日分書いてもまだ余る。

習慣と健康を一括管理

毎日の習慣(Habit／Beauty)と健康状態(condition)をまとめてトラッキングすれば、対策と結果が一覧できて、習慣化しやすい。

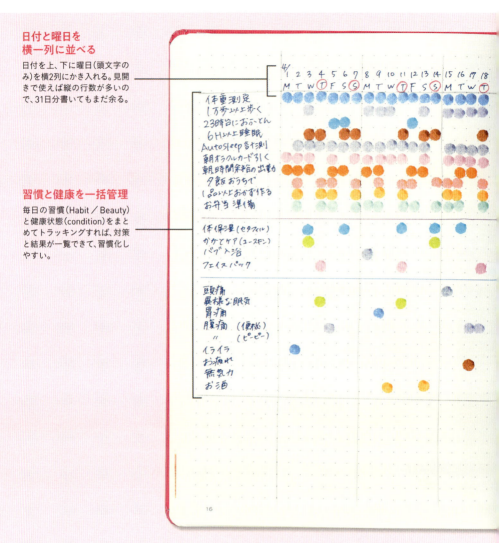

AFTER BUJO

簡単で楽しげなフォーマットなので、気持ちが落ちているときでも続けられるようになった

スタンプトラッキングで毎日記録

習慣づけるために、とにかく簡単な方法を考案。スタンプ式なら、手軽なだけでなく、情報が見やすくなるし、カラフルにすれば見返したときも楽しく励みになります。体調が悪い時のログには、かんたんさが欠かせません。

| CHAPTER 03 | ロイヒトトゥルム1917×バレットジャーナル 徹底ビジュアルガイド |

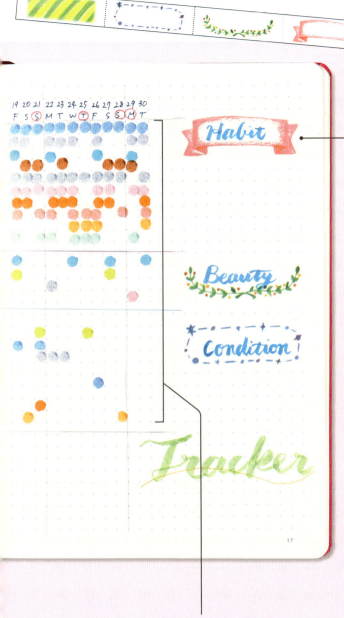

マステ®水性ペンで書ける マスキングテープ・ ミシン目入り・タイトル柄
／マークス

タイトルには テープを活用

大きな見出しには文字が書けるマスキングテープに筆ペンでレタリングが便利。見やすくてかわいいタイトルを簡単に作ることができる。

ドットの色分けで一目瞭然に

プレイカラードット（トンボ鉛筆）を使い、スタンプ式にトラッキング。ドットの数が見やすく、ひと目で健康状態と対策ができているかがわかる。ドットが5ミリ枠にぴったり収まるのが気持ちいい。

5 WEEKLY SCHEDULE
ウィークリースケジュール

**日にちと曜日は
マステを貼るだけ**
自分で全部デザインしたり、イラストを書いたりは大変。貼るだけで可愛くできる文具に頼るのもOK。

**ページの
タイトルは大きく**
左上などのよくある場所以外のスペースに、大胆に大きめのページタイトルを書けば、見やすいし、デザイン的にもかっこよく見える。もちろんシールとテープで美しく作る。

CHAPTER 03 | ロイヒトトゥルム1917×バレットジャーナル 徹底ビジュアルガイド

余白が気になったら貼る

空いたスペースが寂しく感じたら、好きなモチーフのシールを貼って楽しむ。若干リアルな予定に寄ったものならなおよし。

来週の予定メモを書けるスペースを作る

その週を過ごしながら、来週の予定が出てきたときに一旦記入する場所は便利。次の週のフォーマットを作った際にここから書き写す。これもひとことステッカー(クーリア)を使って簡単に。

・AFTER BUJO・

事務的な内容も、書き込み方を工夫するだけで楽しい毎日を演出してくれる存在に

2種類のウィークリーを有効活用する

ウィークリーページは2種類同時に使用しています。ひとつは、上のように予定をメインに確認するフォーマット。マンスリーにも書きますが、両方書くことで、より忘れずらくなりました。

ウィークリートゥドゥ
6 WEEKLY TODO

色鉛筆で作った四角を埋めていく

色鉛筆のグレーで枠を作り、ToDoタスクをかき入れる。完了したら、丸スタンプで枠に印をつける。

カラーグリップ
水彩色鉛筆
（コールドグレー）
／ファーバーカステル

プレイカラードット
（スカイブルー）
／トンボ鉛筆

CHAPTER 03 | ロイヒトトゥルム1917×バレットジャーナル 徹底ビジュアルガイド

日付と曜日はテープを使う

ウィークリースケジュールと同じくテープを使うが、前とは別のシリーズにすることで違いが見てわかるようにできる。

― AFTER BUJO ―

スケジュールとToDoを分けることで、自分のすべきことが明確になった

ToDoはチェックマスをつけて使用

タスクはひと目で進行状態がわかるかどうかがポイント。バレットジャーナルのキーと文具をうまく利用して、次の日へ移行したり、終わったことを明確にして進行を管理すれば、やり忘れが起きることはありません。

CASE_ #07

タスク管理方法の工夫で家事のモチベーションがアップ

> マンスリーログ
> **MONTHLY LOG &**
> ハビットトラッカー
> **HABIT TRACKER**

2つにカテゴライズ
日付けを中央にすえて、「プライベート」と「イベント」に分けて管理。

期間を可視化しておく
イベントや展覧会などの開催期間がひと目でわかり、気がつけば終わっていたということがなくなった。

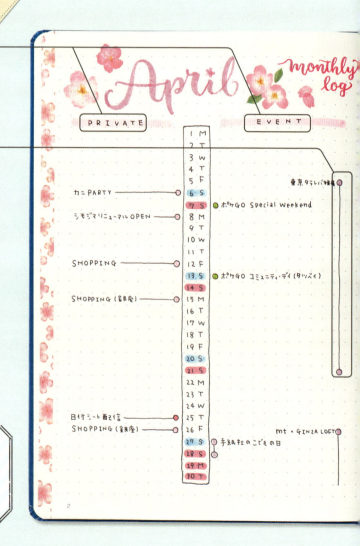

AFTER BUJO
日々やることを書き出せて、やり忘れがなくなった

138

CHAPTER 03 ロイヒトトゥルム1917×バレットジャーナル 徹底ビジュアルガイド

かおりん
(主婦・38歳)
Instagram : @xkaoringramx

も ともと、タスクで仕事を管理していました。インスタでバレットジャーナルのことを知り、出版されている本を読んでみたところ、タスク管理が自分に合っていたことを再認識。まずは形から入ろうとバレットジャーナルの公式ノートであるロイヒトトゥルム1917を購入し、シンプルなフォーマットではじめました。

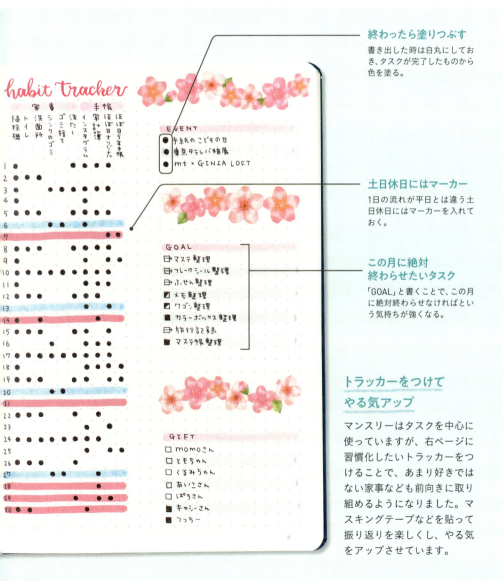

終わったら塗りつぶす
書き出した時は白丸にしておき、タスクが完了したものから色を塗る。

土日休日にはマーカー
1日の流れが平日とは違う土日休日にはマーカーを入れておく。

この月に絶対終わらせたいタスク
「GOAL」と書くことで、この月に絶対終わらせなければという気持ちが強くなる。

トラッカーをつけてやる気アップ
マンスリーはタスクを中心に使っていますが、右ページに習慣化したいトラッカーをつけることで、あまり好きではない家事なども前向きに取り組めるようになりました。マスキングテープなどを貼って振り返りを楽しくし、やる気をアップさせています。

139

> ウィッシュリスト
> **WISH LIST**

タイトルはカッコよく
フォーマットのタイトルはかっこいい書体でカリグラフィ調に。

WISH
my 100 dream of you want

	WISH LIST 1-25		WISH LIST 26-50
1	mt factory tour vol.8に行く	26	ディズニーランドに行く
2	引っ越す	27	ディズニーシーに行く
3	オフ会をする	28	USJに行く
4	ペーパーをネットプリント配信する	29	ヨシダキセキの実店舗に行く
5	mtのスタンプラリー3枚目ためる	30	SUNNY SUNDAYに行く
6	手帳雑誌に載る	31	プレシャスコレクションに行く
7	女性誌に載る	32	高円寺Creamに行く
8	ほぼ日公式ガイドブック2020に載る	33	ぷんぷく堂に行く
9	Instagram フォロワー2万人になる	34	紙博に行く
10	仕事をする	35	山田文具店に行く
11	蜂蜜屋の麻婆麺を食べに行く	36	トラベラーズノートを買う
12	文房具カフェに行く	37	ほぼ日オリジナルを毎日書く
13	デザフェスに行く	38	マステを作る
14	冷蔵庫を買う	39	本を出す
15	momoさんに会う	40	パソコン買い換える
16	あいさんに会う	41	iPad 買う
17	長岡の花火大会に行く	42	むやみに手帳を増やさない
18	マイルドライナー全色揃える	43	LINE 絵文字を作る
19	Tombow ABT 全色揃える	44	ブルーレイレコーダーを買い換える
20	貯金する	45	FLUFFY BUNNYに行く
21	5kgやせる	46	図書館に通う
22	小説10冊読む	47	断捨離する
23	久保みねヒャダこじらせLIVEを観に行く	48	薬の量を減らす
24	青春高校の劇場公演を観に行く	49	日本映画館に行く
25	ポケモンGOのレベルを40にする	50	お気に入りのバッグを買う

100項目を4分割にして見開きに
100個の願い事を25個ずつ書くことで、ちょうど見開きページにおさまる。

> AFTER BUJO
> 実現できたことをチェックするのが楽しみになった

ゆるい願いごとでもOK
具体的な願い事だけではなく、ざっくりと書くことで達成率を上げる。

CHAPTER 03 | ロイヒトトゥルム1917×バレットジャーナル
徹底ビジュアルガイド

夢が叶いそうにデコる
「星に願いを」のイメージで、星を選んで全体をデコっている。

	WISH LIST 51-75		WISH LIST 76-100
51	プレゼント企画をする	76	
52	新潟に行く	77	
53	お気に入りの万年筆を買う	78	
54	インクを買う	79	
55	カキモリのインクスタンドでインクを作る	80	
56	毎日野菜をとる	81	
57	かいざんに行く	82	
58	富田の松戸本店に行く	83	
59	川越散策に行く	84	
60	毎日掃除機をかける	85	
61	帰省以外で旅行する	86	
62	たまにはオシャレなカフェに行く	87	
63	レタリングの練習をする	88	
64	ダイソンの掃除機を買う	89	
65	美術館に行く	90	
66	毎日、1日の終わりに振り返る	91	
67	ふるさと納税をする	92	
68	ビアガーデンに行く	93	
69	イルミネーションを見に行く	94	
70		95	
71		96	
72		97	
73		98	
74		99	
75		100	

最初から全部埋めない
初めから100項目を埋めると大変なので、どんどん追加していく。

100項目まであと少し
ウィッシュリストを書き出すことが苦手なので、夢が叶いそうに手帳をデコれば、100項目を書き出せるかもと思って作成しました。眺めているだけで楽しくなるようなページに仕上がり、夢の達成率も上がっています。

CASE _ #08

既存のデザインにとらわれず
自分が1番使いやすい形にカスタマイズ

> デイリーログ
> DAILY LOG

イラストでわかりやすく
髪型も含めて、イラストでその日の服装を描く。色の組み合わせや、コーディネートの良さなども振り返れる。

AFTER BUJO
デイリーにファッションログをつけることで服装選びに迷うことがなくなった

| CHAPTER 03 | ロイヒトトゥルム1917×バレットジャーナル 徹底ビジュアルガイド |

さとめろ
（大学生・21歳）
Instagram : @satomero.lifelog

バレットジャーナルの何がすごいかというと、予定管理の「効率性」と「使いやすさ」だと思います。自分にとって必要なものだけを選び、管理しやすいようにカスタマイズできるため、ストレスがかかりません。見返した時に、記憶が鮮明になる手がかりが残されているので、見返すのがより好きになりました。

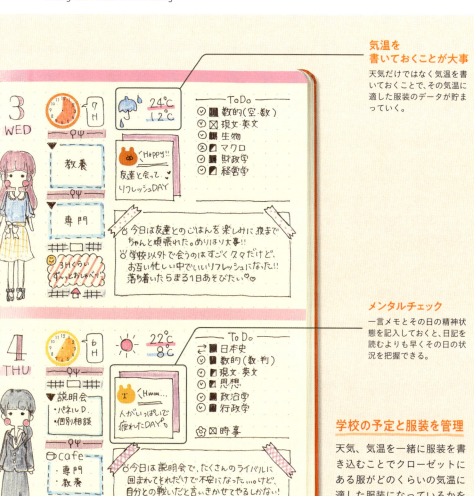

気温を書いておくことが大事
天気だけではなく気温を書いておくことで、その気温に適した服装のデータが貯まっていく。

メンタルチェック
一言メモとその日の精神状態を記入しておくと、日記を読むよりも早くその日の状況を把握できる。

学校の予定と服装を管理
天気、気温を一緒に服装を書き込むことでクローゼットにある服がどのくらいの気温に適した服装になっているかを把握でき、服選びの失敗が少なくなりました。あとは、学生なので学校での出来事や予定管理をしています。

HABIT TRACKER

ハビットトラッカー

**苦手なものこそ
リスト入り**

習慣化したいこととどれくら
いの頻度で行っているか、確認
したいことをピックアップ。

HABIT TRACKER

	F	S	S	M	T	W	T	F	S	S	M	T	W	T	F	S	S	
	1	2	3	4	5	6	7	8	9	10	11	12	13	14	15	16	17	
サイクル 🌙	8	9	10	11	12	13	14	15	16	17	18	19	20	21	22	23	24	2
おつうじ 🐤			●	●			●	●			●				●		●	●
6H以上 💤		●			●		●		●			●			●			●
湯ぶね ♨		●		●		●		●		●								●
顔パック 😃																		
マッサージ 💆		●	●						●	●							●	●
駅徒歩 👣		●	●			●		●							●		●	
腹筋トレ ⭐		●								●	●						●	●
手帳 TIME		●	●							●							●	●
インスタ 💕		●	●		●	●		●									●	
ピアノ 🎹 ♪		●								●	●						●	●
外食 🍴			●				●									●		
お酒 🍺			●															

AFTER BUJO

書いて、やるべきこと
を可視化することで、
続けるモチベーション
につながった

月のやるべきことを書き出す
その月に絶対やりたいことをToDoリストにし、終わったものにはチェックを入れる。

達成したい目標
その月に達成したい目標をこの欄に書いておく。

書くことで継続を習慣化

好きではないけれどやらなければならないことを、何とかして続けるためにはじめました。毎日チェックすることで、やろうとしてやれなかったことが習慣化されました。

CASE _ #09

基本の使い方がわかりやすくて
自分なりの工夫が楽しめる理想の手帳

マンスリーログ
MONTHLY LOG &
ハビットトラッカー
HABIT TRACKER

必要な時に開いて確認
マンスリーカレンダーはページの中に収納できるサイズを選び、必要な時だけ開いて確認する。

見返した時にポジティブになれる
その月に達成できたこと、良かったことなどを書くようにすると、翌月も楽しい気分でスタートできる。

| CHAPTER 03 | ロイヒトトゥルム1917×バレットジャーナル
徹底ビジュアルガイド |

ゆか
（フリーランス・30代）
Blog : https://lifewithjournal.com/

高 校生の頃から手帳が好きで、さまざまな手帳を購入してきましたが、100%満足できるものはありませんでした。3年ほど前にバレットジャーナルという手法があることを知り、理想の手帳に近づけるのではないかと思い、はじめました。書き出すことで、ちょっとした自分のやりたいことに気づくようになり、楽しみもしっかり予定に組み込めるようになりました。

自分のために習慣化したいこと
勉強や運動などなるべく毎日やりたいことをピックアップし、できたら黄色のスタンプをおしてチェック。

家事のやり忘れを防ぐ
可視化することで掃除などのやり忘れを防ぐ、チェックを入れることでモチベーションを上げる。

AFTER BUJO
月の予定を確認しながら、ウィークリーとデイリーの予定が立てられるので効率的になった

市販のマンスリーカレンダーを活用
マンスリーの予定と別ページのウィークリーやデイリーの予定を同時に見られると便利だと思い、シール状になったマンスリーカレンダーをページの端にマスキングテープで貼りつけています。端に貼ったマスキングテープが、その月のインデックス代わりにもなり、ページを探しやすくなりました。

タテとヨコをうまく使う
本体をタテにして使うレイアウトも採用すると、管理したい項目と1カ月の日付がうまくリンクできる。

147

スリープ
SLEEP &
ヘルスログ
HEALTH LOG

目覚めの状態もチェック

睡眠の長さだけではなく気持ちよく眠れたかなど、眠りの質を三段階で評価。

睡眠時間を
ビジュアルで可視化

睡眠時間を線で引くことによって、長いか短いかをひと目で把握できる。

本体の向きを変えて使用

マックス31日ある1ヵ月をチェックしやすいように、本体を縦にして使用。この自由さがあるので、自分に合ったフォーマットが作りやすい。

自分だけの時間軸

寝る時間と起きる時間はほぼ決まっているため、自分だけの時間軸を書いて管理している。

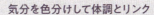

気分を色分けして体調とリンク

気温や天気などが気分にどう影響するかなども把握するために、気分を細かく分類し色分けして表現

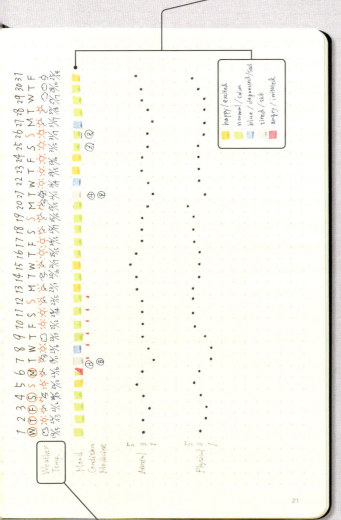

AFTER BUJO

体調を崩しやすい時期がわかり、気をつけられるようになった

自分の健康を自分でチェック

最初はただ体調が悪かった日のみ記録していましたが、天候や、睡眠、生理周期などが気分や体調にどう影響するのかを知りたくなって、このような形に落ち着きました。継続していくと、どの時期に体調を崩しやすいのかが見えてきて、その時期は無理をしないようになりました。

天気と気温は必須

天気だけではなく気温も体調に影響するため、その日の最低気温と最高気温を記入する。

CASE_ #10
きれいで楽しいページをつくる
アイデア詰め込み手帳

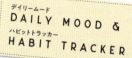
デイリームード
DAILY MOOD &
ハビットトラッカー
HABIT TRACKER

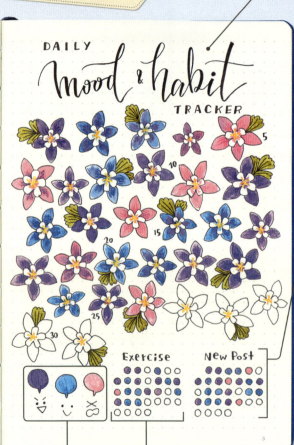

コレクション名はおしゃれに
タイトルがおしゃれに決まると見返すのが楽しくなるため、参考にしたくなるフォントなどはページを作ってストックしておく。

SNSやブログへの投稿チェック
新しい投稿ができた日は色を塗る。これができている時は少し余裕がある目安に。

AFTER BUJO
ちょっと空いた時間を有効活用できるようになった

日々のちょっとした気づき
忙しいとあっという間に毎日が過ぎてしまうため、1日ごとに冷静に振り返る機会として使っています。塗り絵が好きなので、気分の変化を塗った色でわかるようにしました。頑張って過ごした1カ月がきれいなページに仕上がると嬉しくなります。

塗り絵好きを生かす
気分を色で分け、上の花をその日に気分に合わせて塗る。

自分を肯定的に評価する
特に大きな出来事が無かった日も、「筋トレできた！ 100点！」と自分を褒める。

150

ナベタケイコ
（消しゴムはんこ作家・33歳）
Instagram&Twitter：@nabe_kco

> も ともと手帳や文房具が好きなので、自分のペースで楽しく自由に手帳づくりをしながら、家事や仕事、趣味など、日々のタスクを整理できないかといろいろ探していました。そんな時にバレットジャーナルを知りました。振り返りが楽しくなるようにページを工夫し、面白いフォントを見つけたら貯金しておくみたいに、フォントのページを足して楽しんでいます。

気になるフォントを一覧に
ページ作りに時間がかかる、負担になるようでは本末転倒なので、イメージが浮かばない、忙しいときにササッと参考にして書けるよう一覧に。

デートヘッダー
DATE HEADERS

よく使う日付けは要チェック
使用頻度の多い日付のフォント見本をストックしておくと、忙しい時などにこの見本とマスキングテープがあればウィークリーページを作ることができるので助かっている。

AFTER BUJO
忙しい時にでも負担にならずにすぐに書けるようになった

時短でおしゃれに書く
毎日書くのに時間をかけたり、デザインやフォーマットで悩んだりすると書くことが嫌になってしまうため、余裕のある時に気になったフォントなどをストックするようにしています。

CASE_ #11

手書きの楽しさが増す
フォントのデザインコレクション

フォントアイデア
FONT IDEAS

基本形からスタート
基本の文字を書くことからはじめ、新しいフォントイメージを広げていく。

進化系の「COMBO」を活用
出たアイデアを組み合わせると、より発展したバリエーションが増える。

AFTER BUJO
「足したら？」「太くしたら？」など問いかけることでアイデアが広がっていく

Satomi
（手帳リフィル無料配信サイト運営・36歳）
Instagram : @satomi_journal

外旅行中にバレットジャーナルを偶然知り、SNSにアップされた自己成長の記録に刺激を受けてはじめました。成長の記録としてSNSに自分のバレットジャーナルを投稿したら、少しずつ見に来てくれる人が増え、手帳リフィルのコンテンツ配信をできるまでになりました。おもしろい発想が浮かぶとすぐに試せるのが、バレットジャーナルの魅力ですね。

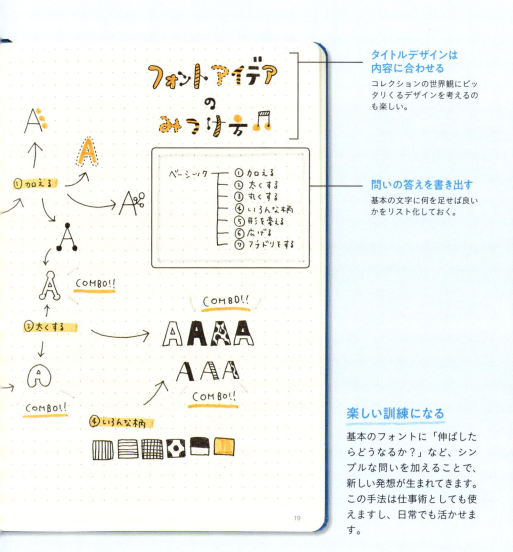

タイトルデザインは内容に合わせる
コレクションの世界観にピッタリくるデザインを考えるのも楽しい。

問いの答えを書き出す
基本の文字に何を足せば良いかをリスト化しておく。

楽しい訓練になる
基本のフォントに「伸ばしたらどうなるか？」など、シンプルな問いを加えることで、新しい発想が生まれてきます。この手法は仕事術としても使えますし、日常でも活かせます。

CASE _ #12

苦手なことを書いて習慣化
前向きに取り組めるきっかけノート

トラッカー
TRACHER &
ヘルスログ
HEALTH LOGR

毎日チェックして習慣化
苦手な家事も習慣化することで、家の中がきれいになり一石二鳥。

自分の身体の変化に敏感に
毎日健康チェックをすることで、ちょっとした身体の変化にも気づけるようになり、今後の体調管理に役立てられるようになった。

AFTER BUJO
やり忘れが減って、
苦手な家事も少しずつレベルアップ！

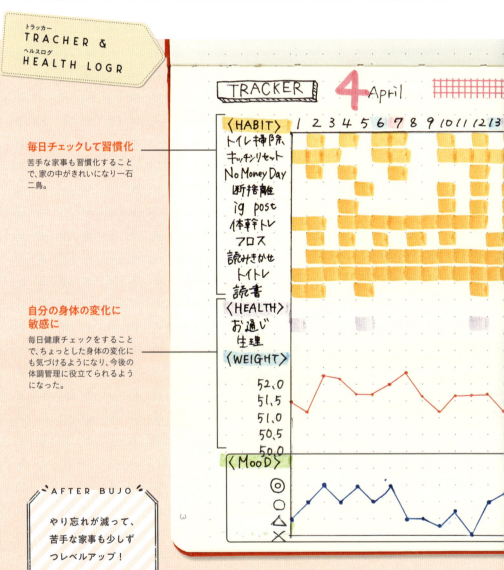

| CHAPTER 03 | ロイヒトトゥルム1917×バレットジャーナル
徹底ビジュアルガイド |

えなり
（主婦・38歳）
Instagram : @e_nari18

市 販の手帳では、書きたいことを1冊に集約できず困っていたところ、Instagramでバレットジャーナルに出合いました。毎日手帳を開き、思いついたら書き込むくせがついたことで、やり忘れがグンと減りました。トラッカーは習慣化したいことを可視化して振り返るために使い、ヘルスログをつけることで体調も管理することができています。

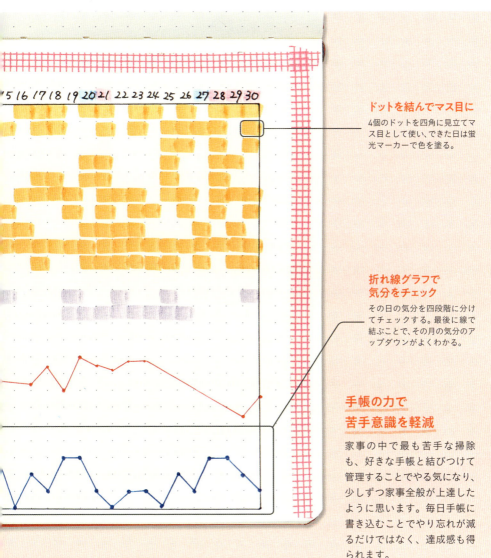

ドットを結んでマス目に
4個のドットを四角に見立てマス目として使い、できた日は蛍光マーカーで色を塗る。

折れ線グラフで気分をチェック
その日の気分を四段階に分けてチェックする。最後に線で結ぶことで、その月の気分のアップダウンがよくわかる。

手帳の力で苦手意識を軽減
家事の中で最も苦手な掃除も、好きな手帳と結びつけて管理することでやる気になり、少しずつ家事全般が上達したように思います。毎日手帳に書き込むことでやり忘れが減るだけではなく、達成感も得られます。

155

CASE_ #13

ネガティブな毎日を
ポジティブな日々に変えてくれた手帳術

MILDLINER
マイルドライナー
COLOR LIST
カラーリスト

色を塗って中に色の名前を書く

実際のマイルドライナーを引いて色名を書けば、パッと見て使いたい色か判断できる。また、淡い色から渋い色までシリーズごとに並べているので、色の組み合わせを考えるときも見やすい。

ドットを目安にマイルドライナー自体も再現

普通紙にペンの絵を1つ描いて、ドットに合わせて前ページから描きたいページの後ろに敷いて写し絵にして描く。ドットの数を数えて、ずらしながら複数写せば、華やかなペンリストがかんたんに完成。

AFTER BUJO

鮮やかな色が手帳を書く意欲を回復させてくれた

| CHAPTER 03 | ロイヒトトゥルム1917×バレットジャーナル 徹底ビジュアルガイド |

Mika♪
（教育関係・年齢非公開）
https://www.instagram.com/mika.note.music/

バレットジャーナルを知る前は、やるべき事柄に対して「やらなければならない」とマイナスな考え方をしていましたが、使いはじめるとタスクを終えることが「できたこと」になり、気持ちがポジティブに変わっていきました。実行することで好きなものをリストにしたりと、やりたいことが増えて、また楽しくなるという好循環ができました。

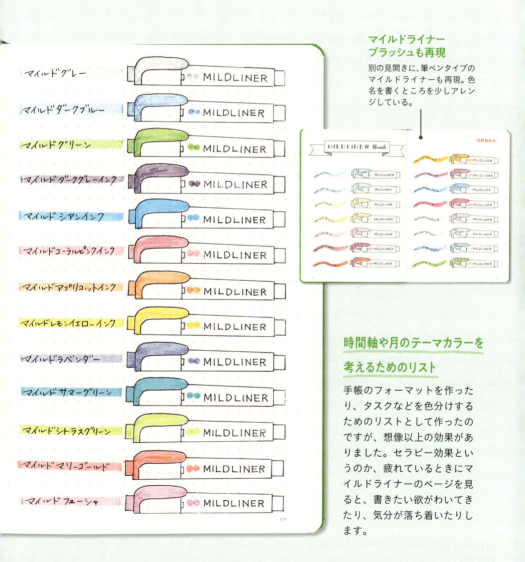

マイルドライナーブラッシュも再現

別の見開きに、筆ペンタイプのマイルドライナーも再現。色名を書くところを少しアレンジしている。

時間軸や月のテーマカラーを考えるためのリスト

手帳のフォーマットを作ったり、タスクなどを色分けするためのリストとして作ったのですが、想像以上の効果がありました。セラピー効果というのか、疲れているときにマイルドライナーのページを見ると、書きたい欲がわいてきたり、気分が落ち着いたりします。

CASE_ #14

好きなものを整理して詰め込んだ
いつでも見返したくなる愛着ログノート

> マスキングテープ
> **MASKING TAPE**
> コレクション
> **COLLECTION**

どういう由来のものか記入する
思い出のあるものや、由来が特別なものはログとして残す。

テープの名前を書き残す
マスキングテープの種類の名前がわかるものは記入する。

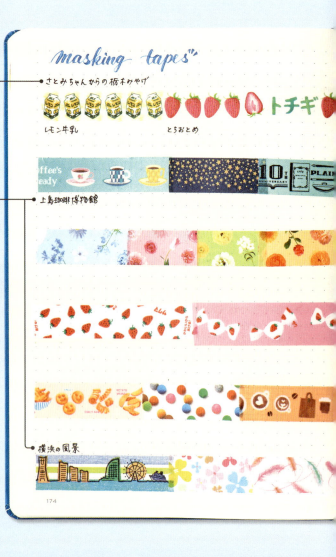

> AFTER BUJO
>
> マスキングテープ集めに意味が生まれた

| CHAPTER 03 | ロイヒトトゥルム1917×バレットジャーナル 徹底ビジュアルガイド |

まい
（会社員・30歳）
Twitter&Instagram : @maco517_note

市 販の手帳フォーマットに縛られて窮屈に感じていたところ、たまたまSNSで海外ユーザーの使い方を見つけて真似したのがバレットジャーナルをはじめるきっかけです。忙しい時に感じる、頭のごちゃごちゃ感をすっと取り去ってくれ、目の前のことに集中できるようになりました。生活にメリハリが生まれ、毎日がより充実しているように感じます。

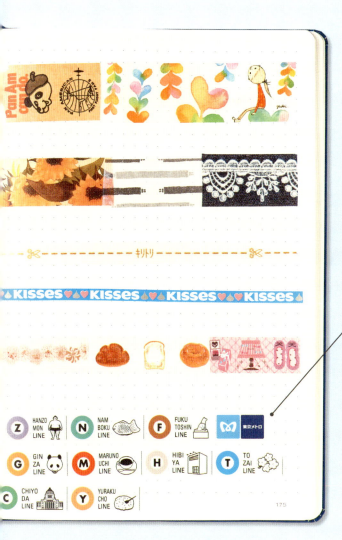

なるべく全柄が見えるように貼る

1ロールの中に多くの柄が入っているものは、少し多くなっても全部見せるように貼る。

使わない罪悪感がなくなる

気に入った柄があると、集めずにはいられないマスキングテープ。一覧にすると、どんな柄があるのかがすぐにわかり、コレクションを眺めるという楽しみも生まれます。つい買いすぎる言い訳にもなりました（笑）。

159

【監修者プロフィール】**平和堂**

1948年、東京都中央区で創業。"平和堂"のブランドで広く知られ、名刺・はがき・封筒・カードなどの紙製品の企画開発、デザインから製造販売まで一貫して行う紙製品製造販売会社。文化を創出する紙製品を開発する傍、海外ステーショナリーブランドの国内代理店として、輸入文具も取り扱っている。

〒104-0041 東京都中央区新富1-12-7
Tel :03-3552-6854 Fax:03-3552-6856
www.heiwado-net.co.jp

編集	松原 健一／川名 由衣 (実務教育出版)
企画・編集	木庭 將／木下 玲子 (choudo)
編集協力	日本手帖の会／富永 真依
執筆協力	納富 廉邦
デザイン	伊地知 明子
撮影	佐々木 宏幸

ロイヒトトゥルム1917で楽しむ
バレットジャーナル
今すぐ役に立つ　実践アイデア189

2019年8月10日　初版第1刷発行

監修	平和堂
発行者	小山 隆之
発行所	株式会社実務教育出版
	〒163-8671 東京都新宿区新宿1-1-12
	電話　03-3355-1812 (編集)　03-3355-1951 (販売)
	振替　00160-0-78270
印刷所	文化カラー印刷
製本所	東京美術紙工

©Heiwado 2019 Printed in Japan
ISBN978-4-7889-0823-9 C2077
乱丁・落丁は本社にてお取り替えいたします。
本書の無断転載・無断複製(コピー)を禁じます。